Dieter Korczak / Hartmut Rosenau (Hg.)

Rummel, Ritus, Religion

Ästhetik und Religion im
gesellschaftlichen Alltag

Neukirchener

© 2003 Neukirchener Verlag
Verlagsgesellschaft des Erziehungsvereins mbH, Neukirchen-Vluyn
Alle Rechte vorbehalten
Umschlaggestaltung: Hartmut Namislow unter Verwendung des Gemäldes
»Kleine Komposition II« von Franz Marc,
© The Yorck Project, Gesellschaft für
Datenarchivierung mbH, Berlin
Druckvorlage: Dorothee Schönau
Gesamtherstellung: WB-Druck GmbH & Co. Buchproduktions KG, Rieden
Printed in Germany
ISBN 3–7887–1989–3

Vorwort

Die Rolle der Religionen in der modernen, westlichen Gesellschaft ist nicht zuletzt durch die schrecklichen Ereignisse vom 11. September 2001 wieder verstärkt fraglich geworden, ebenso wie das postmoderne Konzept einer Ästhetisierung der Lebenswelt. Haben Kunst und Religion seit einiger Zeit eher der Selbstdarstellung gedient, ohne größeren Einfluss und Auswirkungen auf gesellschaftliche Trends und Entwicklungen, so wird heute mehr und mehr gefragt, ob Religionen einem gedeihlichen Zusammenleben der Menschen in einer multikulturellen und pluralen Gesellschaft nicht sogar im Wege stehen und ob nicht Kunst und Ästhetik in verbindliche ethische Grundüberzeugungen eingebunden werden müssten, um ihr gesellschaftskritisches Potential wider zu erlangen.
Freilich können Kunst und Religion nicht unabhängig von ihrem jeweiligen Kontext verstanden und nach ihrer Sinnhaftigkeit befragt werden. Dieser Kontext ist unsere alltägliche Lebenswelt. Die Präsenz von Ästhetik und Religion im gesellschaftlichen Alltag ist daher das übergreifende Thema der Beiträge, die im vorliegenden Band unter den Stichworten »Rummel – Ritus – Religion« zusammengestellt sind. Sie bestätigen in je unterschiedlicher Perspektive nicht nur die enge Verbundenheit von Kunst und Religion, wie sie von Anbeginn der Menschheitsgeschichte bestanden hat, sondern zeigen auch, wie sie mit ihren Bildern und Symbolen unsere heutige Lebenswelt vor und unabhängig von allem Spektakulären bestimmen: sei es beim Freizeitrummel und im Tourismus, in der Werbung und in den Medien, in den Ritualen des zwischenmenschlichen Umgangs (»Sozialkitt«) und der Esskultur, bei den Modetrends, der Körperpflege und der Gestaltung der eigenen vier Wände, aber auch in den Stadtbildern mit ihrer vertrauten, manchmal auch unheimlich-provozierenden Architektur. Sie fördern auf ihre Weise den produktiven Umgang mit den Ambivalenzen des Alltags, indem sie durch Riten entlasten und in unserer ökonomisch-technisch geprägten Welt die vorherrschenden Mittel-Zweck-Relationen auch durch unkonventionelle Wahrnehmungen von Zeit und Raum heilsam durchbrechen.
An ausgewählten Beispielen wird so die notwendige Auseinandersetzung mit dem tiefen Einfluss, den Religion und Kunst auf die Organi-

sation und Bewältigung unserer Lebenswelt haben, vorbereitet und eine öffentliche Diskussion ermöglicht, von welchen Motiven wir dabei geleitet werden und welche Orientierungen für die Zukunft zum »Feststellen der Wirklichkeit« (Baumgarten, hier S. 9) von Bedeutung sind. Denn eine Rückstellung von Religion und Kunst ins rein Private wird der Komplexität unserer modernen Gesellschaft nicht mehr gerecht. Der Kernbestand der hier gesammelten Beiträge geht auf Vorträge zurück, die auf der 58. Jahrestagung der Interdisziplinären Studiengesellschaft für Praktische Psychologie e.V. (ISG) vom 5. bis 7. Oktober 2001 im Audimax der Christian-Albrechts-Universität zu Kiel unter Mitwirkung des dortigen Instituts für Systematische Theologie und Sozialethik gehalten und diskutiert worden sind. Allen, die zum Gelingen dieser Tagung beigetragen haben, sei an dieser Stelle herzlich gedankt.

Kiel, im Mai 2002   Dieter Korczak / Hartmut Rosenau

Inhalt

Vorwort 5

HANS-ULRICH BAUMGARTEN
Philosophische Überlegungen zum Verhältnis von Ästhetik
und Religion 9

A. Rummel

DIETER KORCZAK
Rummel als Mentalität 23

CHRISTIAN THOMAS
Schwert und Flugzeug – Die Stadt als Ziel des Hasses und
Raum der Erinnerung 31

B. Ritus

HARRY PROSS
Riten als Sozialkitt 35

ECKART GOTTWALD
Ritus und Religion in der Werbung 47

CHRISTIANE PANTKE
Orte ritueller Kommunikation 69

DIETER KORCZAK
Schön, selbstbewusst, ästhetisch:
Über die rituelle Bedeutung von Haaren 87

C. Religion

WALDEMAR MOLINSKI
Bildersturm und Bilderverehrung.
Die Bedeutung des zweiten Gebotes im Medienrummel 95

HARTMUT ROSENAU
Sakraltourismus und Geomantik.
Zur Attraktivität von Mystik, Magie und Esoterik 117

N. PETER LEVINSON
Der Mensch ist, was er isst 131

Autoren 137

Die Interdisziplinäre Studiengesellschaft 139

Schriftenreihe »Prakische Psychologie« 141

HANS-ULRICH BAUMGARTEN

Philosophische Überlegungen zum Verhältnis von Ästhetik und Religion

Wenige Tage nach den Terrorangriffen auf das World Trade Center am 11. September konnte man Folgendes lesen: »Die Wirksamkeit der Anschläge beruht nicht allein auf der Größe des Schadens und der Menge der Opfer, sondern auch auf der Ästhetik der Bilder, die durch sie entstehen.«[1] Und auch die scharf kritisierte Bemerkung des Komponisten Karlheinz Stockhausen, die Anschläge seien das »größte Kunstwerk«,[2] muss wohl in ähnlicher Hinsicht verstanden werden: Die im Fernsehen gezeigten Bilder erschrecken nicht nur, sondern faszinieren angeblich durch ihre Ästhetik, und das kann nur heißen: Sie beeindrucken durch ihre Schönheit. Wenn man der These des zitierten Artikels folgt, so war diese ästhetische Wirkung von den Urhebern der Angriffe unter Umständen sogar beabsichtigt. Müssen die Terrorangriffe folglich als ein erschreckender Beleg für die Nähe von Ästhetik und Religion gelten, wenn man in Betracht zieht, dass die Terroristen islamische Fundamentalisten waren?
Doch was liegen einer so behaupteten Nähe von Ästhetik und Religion für Begriffe dieser Phänomene zugrunde? Was bedeutet hier »Ästhetik«? Was bedeutet hier »Religion«?
Die Ästhetik, die angesichts der Zerstörung des World Trade Centers angeblich wirke, wird daran festgemacht, dass viele Menschen die im Fernsehen gesehenen Ereignisse erst gar nicht für wirklich hielten, sondern an eine der vielen »Vernichtungsorgien«[3] dachten, die fürs Kino, Fernsehen oder den Computer produziert werden. Diese augenblickliche Unsicherheit im Feststellen der Wirklichkeit gilt nun einem postmodernen Denken als Beispiel für das gegenwärtige Verhältnis des Menschen zur Welt: »Wir scheinen in einer Zeit zu leben, in der Nietzsches These vom Fiktionscharakter alles Wirklichen zunehmend plausibel wird. Das liegt daran, dass die Wirklichkeit selbst immer fiktionaler geworden ist. Um eine solche Wirklichkeit zu erfassen, bedarf es dann gerade eines ästhetischen Denkens. ... Denn es allein vermag einer Wirklichkeit, die – wie die unsrige – wesentlich ästhetisch konstituiert ist, noch einigermaßen beizukommen. Begriffliches Denken

---

1 *Florian Rötzer*, Die Bombe ist die Botschaft, FAZ 27.9.2001.
2 Vgl. ebd.
3 Vgl. ebd.

reicht hier nicht aus, eigentlich kompetent ist – diagnostisch wie orientierend – ästhetisches Denken.«[4] Und weiter wird der ästhetisch verdorbene Zeitgeist und seine Rettung beschworen: »Zudem gilt in unserer Gesellschaft als real tendenziell nur noch das, was medial produziert oder reproduziert wird. ... Die ›Glotze‹ rückt zum ens realissimum der Epoche auf, und die Ontologie der Medien ist die Physik der Gesellschaft. ... Wo Wirklichkeit aus weichen Mäandern und ununterscheidbaren Übergängen von Schein und Realität oder Fiktion und Konstruktion besteht, da braucht es, um solchen Prozessen auf die Spur zu kommen und einigermaßen gewachsen zu sein, ein ähnlich bewegliches und geschmeidiges Denken, da ist nur noch ein ästhetisches Denken navigationsfähig.«[5]
Mit »ens realissimum«, dem im höchsten Maße Wirklichen, spielt der zitierte Philosoph auf Gott an. Damit ist das ureigenste Feld der Theologie betreten. Auch sie schließt sich in letzter Zeit in manchen ihrer Vertreter dem postmodernen Zeitgeist an und versucht ihr Denken zu ästhetisieren. Zwar erhebt sie warnend den Finger: »Das Fehlen von Metaphysik und Theologie und d.h. auch der konsequente Tod des Subjekts soll tendenziell ästhetisch kompensiert werden; freilich mit der Gefahr des banalisierenden Absturzes, ... sei es in der Zerstreuung einer Massenindustrie oder in den totalitären Missbrauch.«[6] Gleichwohl wird die Einsicht betont, »dass die Künste als der Ort nachdrücklichster Thematisierung der Sinnfrage in einer bildfixierten medialen und technischen Gesellschaft gelten dürfen, d.h. zugleich Ethik und Religionsphilosophie sowie die große Tradition der Kirche auf theologisch-ästhetischem Gebiet aufrufen können.«[7] Theologie muss, so die Forderung, reagieren, denn »die Struktur unserer Wahrnehmung ändert sich, und dadurch zwangsläufig die Inhalte, die wir wahrnehmen, ... auch die Offenbarung ist von der Rezeptionsseite her dagegen nicht gefeit, was fundamentaltheologisch unbedingt zu berücksichtigen ist.«[8]
Ich möchte nicht missverstanden werden: Wie ich hoffe zeigen zu können, besteht tatsächlich eine Ähnlichkeit zwischen ästhetischer und religiöser Einstellung des Menschen. Insofern darf und soll sich auch die Theologie Gedanken über die Künste machen. Hier bietet sich sicherlich der Boden für einen fruchtbaren Dialog. Was ich aber kritisie-

---

4 *Wolfgang Welsch*, Zur Aktualität ästhetischen Denkens, in: *ders.*, Ästhetisches Denken, Stuttgart [2]1991, 57.
5 Ebd., 58f.
6 *Gerhard Larcher*, Subjekt – Kunst – Geschichte. Chancen einer Annäherung von Fundamentaltheologie und Ästhetik, in: Fundamentaltheologie. Fluchtlinien und gegenwärtige Herausforderungen, hg. v. *Klaus Müller*, Regensburg 1998, 302.
7 Ebd., 306f.
8 *Christian Wessely*, Apokalypse Virtualität, in: Ritus – Kult – Virtualität, hg. v. *Christian Wessely* u. *Gerhard Larcher*, Regensburg, Wien 2000, 13.

ren möchte, ist die in diesen Zitaten festzustellende Tendenz, dem postmodernen Denken in seinen Inhalten Recht zu geben.
Ich gebe zu: Die Theologie hat es nach der Aufklärung schwer. Die Rede vom Tode Gottes hat diagnostischen Sinn für die säkularisierte Gesellschaft. Das bedeutet aber nicht, dass das postmoderne angeblich philosophische Gerede vom Tode Gottes und vom Tode des Subjekts sinnvoll ist. Und dieser Vorwurf der Sinnlosigkeit trifft ebenso auf das sogenannte ästhetische Denken, das an der Zeit sei, zu.
Die Rettung winkt im ästhetischen Denken. So wird uns weisgemacht. Heißt das etwa, man hätte die Anschläge auf das World Trade Center verhindern können, wenn man gewusst hätte, dass es den Terroristen angeblich auf die ästhetische Wirkung angekommen sei und sie sich amerikanische Action-Filme zum Vorbild nahmen?
Der Gestus der Rettung wird durch die Behauptung gerechtfertigt, dass wir nicht mehr unterscheiden könnten zwischen Schein und Realität. Stimmt das aber? Angewandt auf die schrecklichen Ereignisse in New York und angesichts der Opfer klingt eine solche Feststellung geradezu sarkastisch. Besteht hier tatsächlich der geringste Zweifel, dass es sich um Wirklichkeit handelt? Nein, und dieser Zweifel besteht auch dann nicht, wenn wir zunächst den Eindruck hatten, wir sähen einen Film. So makaber es auch war: Wir hatten es ja teilweise mit einer Liveübertragung zu tun. Es gibt keine verschwimmenden Übergänge zwischen Wirklichkeit und Unwirklichkeit, und d.h. dann auch zwischen wahrer und falscher Erkenntnis dieser Wirklichkeit. Diese Unterschiede sind nicht quantitativ, sondern qualitativ und damit absolut. Es gibt kein mehr oder weniger wirklich, genauso wenig wie ein mehr oder weniger wahr bzw. falsch. Eine solche quantitative Erklärung würde den Sinn des Unterschieds von wirklich und unwirklich, den Sinn des Unterschieds von wahr und falsch verfehlen, denn mehr oder weniger wirklich bzw. mehr oder weniger wahr ist auch mehr oder weniger unwirklich bzw. mehr oder weniger falsch und umgekehrt.
Doch womit haben wir es bei der Ästhetisierung, die allenthalben festgestellt wird und auf die angeblich das Denken zu reagieren hat, zu tun? Ästhetisierung unserer Lebensverhältnisse meint hier: Körperliches und geistiges Styling machen die individuelle Persönlichkeit aus und bestimmen die Lebensqualität. Jugend, Schönheit und Fitness beherrschen unsere Fun-Gesellschaft. Doch letztlich handelt es sich hierbei nur um eine »Oberflächenästhetisierung«,[9] die das Bedürfnis nach Konsum bedient und sich nach den Strategien des Marktes richtet.[10] Wenn Theologie und damit der Glaube sich einer solchen Oberflächenästhetisierung annähern, verlieren sie ihr kritisches Potenzial. Ein

---

9 Vgl. *Klaus Müller*, Philosophische Grundfragen der Theologie. Eine propädeutische Enzyklopädie mit Quellentexten, Münster 2000, 168.
10 Hier ist der Begriff des Rummels angebracht.

Potenzial, das gerade auch heute notwendig ist, um einen Beitrag zur Lösung von gesellschaftlichen und kulturellen Problemen zu leisten. Worin dieses kritische Potenzial des Glaubens begründet ist, möchte ich im Folgenden versuchen zu zeigen.[11] Dabei gehe ich aus von Kant in der Überzeugung, dass Glauben und ästhetische Einstellung des Menschen in ihrem eigentlichen Wesen allein durch eine Subjektivitätstheorie zu begreifen sind.

Ich möchte mich zunächst mit erkenntnistheoretischen Überlegungen dem Phänomen des Glaubens nähern, um dann anschließend auf die ästhetische Einstellung in ihrer Vergleichbarkeit mit dem Glauben zu kommen.

Kant bezeichnet das geistige Grundvermögen des Menschen mit dem Begriff der Vernunft. Entsprechend dem Vermögen des Menschen, zu erkennen und zu handeln, unterscheidet Kant zwischen theoretischer und praktischer Vernunft. Damit nun aber der menschliche Geist nicht gleichsam auseinander fällt, müssen theoretische und praktische Vernunft als Einheit gedacht werden.

Wenn die menschliche Vernunft, die menschliche Subjektivität, als eine Aktivität zu deuten ist, die, wie Kant formuliert, im Erkennen »a priori auf Objekte« geht,[12] so muss der praktischen Vernunft, um mit Kant zu reden, der »Primat«[13] eingeräumt werden. Auch das menschliche Erkenntnisvermögen muss also von vornherein in einem praktischen Sinne aufgefasst werden. Kant betont, dass »doch endlich alle Bearbeitung unserer Vermögen aufs Praktische ausgehen und sich darin als in ihrem Ziele vereinigen muss«.[14] Die Grundstruktur der menschlichen Vernunft, des menschlichen Geistes, ist demzufolge prinzipiell praxisorientiert, nämlich durch und durch praktisch zu verstehen.

Diese Praktizität bildet die Einheit von theoretischer und praktischer Vernunft. Sie lässt sich mit Überlegungen der Grundlegung zur Metaphysik der Sitten als Wille und damit als Intentionalität deuten. Den Zweck, der von der menschlichen Absichtlichkeit letztlich verfolgt wird, bildet das Subjekt selbst. Der Wille ist somit als eine Selbstzweckstruktur zu begreifen. Jeder Willensakt, der gleichsam äußerlich betrachtet grundsätzlich etwas anderes erstrebt, richtet sich damit seiner inneren Struktur nach auch auf sich selbst, was nichts anderes heißt, als dass alles, was gewollt, immer für sich gewollt wird. Jede

---

11 Einige Teile der folgenden Ausführungen habe ich bereits in meinem Aufsatz »Die Grenze des Wissens. Überlegungen zum Verhältnis von Vernunft und Glauben im Ausgang von Platon und Kant«, in: Sein und Werden im Lichte Platons. Festschrift für Karl Albert, hg. v. *Elenor Jain* u. *Stephan Grätzel*, Freiburg/München 2001, veröffentlicht.
12 A 79 B 105.
13 Vgl. Kritik der praktischen Vernunft, AA Bd. 5, 119ff.
14 Kritik der Urteilskraft, AA Bd. 5, 206.

Willensäußerung, jede Absicht oder Intention terminiert somit nicht nur beim Zweck als einem erstrebten Objekt, sondern auch noch rückbezüglich beim Wollenden selbst. Ich will das Brot nicht um seiner selbst willen, vielmehr will ich mit dem Brot meinen Hunger stillen. Menschliche Subjektivität lässt sich durch diese Rekonstruktion des kantischen Ansatzes als Intentionalität begreifen, die prinzipiell in einem allgemeinen Sinne auf Erfolg für sich selbst aus ist.[15] Schon im Erkennen erstrebt das Subjekt daher Erfolg für sich. Dieser Erfolg liegt für das Subjekt in der Wirklichkeit des erkannten Objekts, der die Wahrheit der Erkenntnis entspricht. Diese prinzipielle Erfolgsorientiertheit zeigt sich bereits darin, dass man, wenn man eine Behauptung äußert, diese nur mit Wahrheitsanspruch erheben kann, was aber nichts anderes heißt, als dass man die Wirklichkeit des geäußerten Sachverhalts behauptet.

Findet nun das erkennende Subjekt an der erkannten Wirklichkeit nicht sein Genügen, so erstreckt sich die Intentionalität dann weiter und gestaltet sich zum Handeln, ursprünglich zunächst in die Bewegung des eigenen Körpers. Dieses Handeln verändert die erkannte Wirklichkeit der Erfolgsintention entsprechend, um schließlich durch diese veränderte Wirklichkeit befriedigt zu werden.

Wenn eine solche Intentionalität bereits für das Erkennen der Gegenstände der Außenwelt vorausgesetzt werden muss, so bilden dann die erkannten Gegenstände die spezifischen Wirkungen einer vorgängig ergehenden Absicht als Ursache des erkennenden Menschen und damit als dessen Leistung. Diese Leistung bestimmt Kant in seiner »Kritik der reinen Vernunft« als die apriorischen Strukturen des menschlichen Erkenntnisvermögens, die durch die Selbsttätigkeit, die Spontaneität dieser Intentionalität hervorgebracht werden. Es sind insbesondere die reinen Anschauungsformen von Raum und Zeit und die reinen Verstandesbegriffe, die Kategorien. Entsprechend fasst Kant die Erfahrung von Gegenständen der Außenwelt als »empirisches Produkt«[16] des menschlichen Erkenntnisvermögens auf. Aufgrund dieser Leistungen des wahrnehmenden Subjekts kann der Vorgang des Erkennens hinsichtlich des Objekts als Fremdverwirklichung verstanden werden. Wenn Kant nun die Analyse der Bedingungen der Möglichkeit der Erfahrung als ›Aufsuchen des Geburtsortes‹ der für die Erkenntnis notwendigen Prinzipien bezeichnet[17] und seine erkenntnistheoretischen Untersuchungen als die Einsicht in »die Selbstgebärung unseres Verstandes« begreift,[18] so deutet er damit an, dass die Fremdverwirklichung des Objekts in einem als Selbstverwirklichung des Subjekts auf-

---

15 Vgl. zu einer solchen Rekonstruktion *Gerold Prauss*, Die Welt und wir, Bd. I/1, Stuttgart 1990; Bd. I/2, Stuttgart 1993; Bd. II/1, Stuttgart 1999.
16 A 98.
17 Vgl. A 65f B 90f.
18 A 765 B 793.

zufassen ist. Und in diesem Sinne versteht sich der Grundsatz der kopernikanischen Wende: »Die Bedingungen der Möglichkeit der Erfahrung überhaupt sind zugleich Bedingungen der Möglichkeit der Gegenstände der Erfahrung«.[19]
Die prinzipielle Fehlbarkeit des Erkennens, der mögliche Misserfolg einer Intention beispielsweise im Falle eines Wahrnehmungsirrtums, zeigt aber, dass die Wirklichkeit des erkannten Objekts der Außenwelt nicht ausschließlich auf die Leistung, auf die Ursache der Erwirkung des Subjekts zurückzuführen ist. Es müssen noch weitere Bedingungen erfüllt sein, damit das menschliche Erkennen erfolgreich ist. Insofern sind eben die Bedingungen der Möglichkeit der Erfahrung nicht auch die Bedingungen der Möglichkeit der Gegenstände der Erfahrung und damit die hinreichenden, wie dieser Satz von Kant häufig falsch zitiert wird. Einem solchen falschen Verständnis zufolge müsste Kants Erkenntnistheorie als ein absoluter Idealismus aufgefasst werden: Der Mensch wäre der Schöpfer der Wirklichkeit in einem absoluten Sinne. Die apriorischen Prinzipien sind aber allein die notwendigen formalen Bedingungen. Daher bezeichnet Kant seine Theorie auch als ›kritischen Idealismus‹.[20] Deutlich nimmt Kant in seiner Methodenlehre der »Kritik der reinen Vernunft« noch einmal auf seinen Grundsatz der kopernikanischen Wende Bezug und betont nun ausdrücklich: »Es ist unserer Vernunft nur möglich, die Bedingungen möglicher Erfahrung als Bedingungen der Möglichkeit der Sachen zu brauchen; keineswegs aber, ganz unabhängig von diesen, sich selbst welche gleichsam zu schaffen«.[21] Was für die Leistungen des erkennenden Subjekts gilt, dass sie allein als Selbstverwirklichung der Spontaneität des Verstandes zu begreifen sind, gilt nicht in einem absoluten Sinne für die erkannten Gegenstände der Außenwelt: Ihre Fremdverwirklichung von Seiten des Subjekts aus betrachtet ergeht allein in formaler Hinsicht.
Auf diesen wichtigen Zusammenhang reflektiert Kants Unterscheidung von ›Ding an sich‹ und ›Erscheinung‹ hinsichtlich ein und derselben empirischen Wirklichkeit. Der Begriff »Erscheinung« bezeichnet das wirkliche Objekt in Bezug auf die notwendige Leistung des erkennenden Subjekts. Der Begriff »Ding an sich« spricht das empirische Objekt in derjenigen Abhängigkeit an, die nicht in der intentionalen Leistung des Subjekts aufgeht. Es ist derjenige Bereich, der an sich selbst betrachtet dem erkennenden Zugriff des Subjekts entzogen ist. So verfügbar die erkannte empirische Wirklichkeit als Erfolg dem Subjekt auch begegnet, die Möglichkeit des Misserfolges verweist auf einen unverfügbaren Aspekt dieser Wirklichkeit.
Subjekt und Objekt, Mensch und Welt stehen damit in einem einzigartigen Ursache-Wirkungs-Zusammenhang. Indem die empirische Wirk-

---

19 A 158 B 197.
20 Vgl. Prolegomena, AA Bd. 4, 375.
21 A 771 B 799.

lichkeit ihrer Form nach erwirkt ist durch die intentionale Leistung des Subjekts, nämlich geformt ist durch die apriorischen Strukturen des Erkenntnisvermögens, steht sie insbesondere als wahrnehmbare Natur dem Menschen als etwas Anderes seiner selbst gegenüber. Somit kann das Erkennen der empirischen Natur als Fremdverwirklichung begriffen werden: die erkannte Natur als verwirklicht durch die Intention des Subjekts. Die erkannte und damit erfolgreich verwirklichte Natur bildet als dieser Erfolg für den erkennenden Menschen das Ziel seiner Intentionalität als Selbstverwirklichung. Das Subjekt erfährt dabei dieses Andere für sich selbst als Erfolg. Der erkennende Mensch ist dadurch nicht nur auf Anderes seiner selbst gerichtet, sondern ist auch immer schon in bestimmter Weise bei sich. Selbstverwirklichung und Fremdverwirklichung gehen miteinander einher. Sie bilden zwei Aspekte des einen Erkenntnisvorgangs.

Durch das menschliche Wissen stehen sich Vernunft, Bewusstsein, mithin Geist auf der einen und Natur auf der anderen Seite zwar gegenüber. Sie bilden aber miteinander die eine Wirklichkeit, die in sich zweideutig ist. Damit eröffnet sich nun ein besonderer Bereich, eine allumfassende Wirklichkeit, von deren Dasein der Mensch durch philosophische Reflexion wissen kann. Deren inhaltliche Bestimmtheit entzieht sich aber dem menschlichen Erkennen zu einer Seite hin. Diese in sich differente Wirklichkeit von der Seite des Anderen zum Subjekt hin im Sinne der Unterscheidung von ›Erscheinung‹ und ›Ding an sich‹ muss als ein Aspekt der Wirklichkeit begriffen werden, der sich nicht mehr als Erfolg zu einer erkennenden Intention einstellen kann. Dabei bildet dieser Bereich jedoch keine für sich bestehende, unabhängige und eigentliche Wirklichkeit hinter der empirisch erkannten. Es ist ein Aspekt der einen, in sich aber differenten Wirklichkeit. Bis zu dieser Einsicht in diesen formalen Aspekt der Wirklichkeit kann philosophische Reflexion und damit unser Wissen gelangen. Darüber hinaus Inhaltliches über diesen An-sich-Bereich zu erkennen, ist Philosophie nicht in der Lage. An dieser Stelle eröffnet sich aus philosophischen Gründen der Bereich des Glaubens.

Über die Entstehung von Religion gibt es die unterschiedlichsten Theorien. Neueste Entwicklungen beispielsweise der Soziobiologie versuchen Religion als »Memgruppen mit hohem Überlebenswert«[22] zu begreifen. Sogenannte Meme, die kulturellen Pendants zu den Genen, besitzen durch bestimmte Eigenschaften einen Selektionsvorteil und ermöglichen es dadurch, dass beispielsweise große Religionen im Evolutionsprozess fortbestehen können. »In all diesen Entwürfen wird Religion als ein Positivum betrachtet, als eine durch Evolution hinzuworbene Kraft, die der ganzen Spezies wie dem einzelnen Überlebens-

---

22 Vgl. *Susan Blackmore*, Die Macht der Meme oder Die Evolution von Kultur und Geist, Heidelberg/Berlin 2000, 31 und 299ff.

vorteile verschafft. In den tierischen Vorfahren genetisch angelegt, wird sie beim Homo sapiens zur Errungenschaft wie der aufrechte Gang oder die Verwendung von Werkzeugen.«[23]

Diese Theorien verstehen Religion und Glauben als empirische Phänomene, die daher auch mit empirischen Mitteln zu erklären sind. Glauben ist jedoch bekanntlich nicht Wissen, muss aber wie Wissen als Reflexionseinstellung begriffen werden, mithin als eine Einstellung, in der der Mensch sich selbst mit im Blick hat, sich selbst thematisiert und damit sich selbst erkennt. Glauben kann man nur, wenn man den Unterschied zum Wissen kennt. Wissen lässt sich als wahre, nämlich verifizierte Erkenntnis bestimmen.[24] Wissen beinhaltet die Einsicht in die Wahrheit der eigenen Erkenntnis und damit in die Wirklichkeit des erkannten Sachverhalts. Das bedeutet, das Subjekt ist sich seiner erfolgreichen Erkenntnisintention bewusst.

Glauben im Unterschied zum Wissen beinhaltet dann aber die Einsicht, dass die Wirklichkeit eines bestimmten Bereichs oder Sachverhalts prinzipiell nicht erkannt werden kann. Für den Glauben gilt aber weiterhin, dass diese nicht zu erkennende Wirklichkeit mit guten Gründen aus der Sicht des Subjekts unterstellt wird. Diesen Glaubensbegriff möchte ich als einen aufgeklärten bezeichnen.

Um noch einmal auf die fundamentalistischen Terroristen zurückzukommen: Ich bin der Überzeugung, dass sie in einem solchen aufgeklärten Sinne nicht gläubig sind. Aus ihrer Perspektive nehmen sie vielmehr eine Wissenseinstellung ein: Sie glauben nicht, sie wissen, dass sie aufgrund ihrer Tat ins Paradies kommen, auch wenn dies aus unserer Perspektive nur als ein vermeintliches Wissen zu betrachten ist.

Betonen möchte ich, dass die Selbstthematisierung, die Ich-Einstellung, die notwendige Voraussetzung sowohl für Wissen als auch für Glauben und damit für Religion bildet.

Einen Hinweis für diese These lässt sich aus einem der ältesten Zeugnisse des Nachdenkens über die Entstehung von Glauben und Religion gewinnen: Vers 26 von Kapitel 4 des 1. Buches Mose lässt sich als Abschluss der Erzählung vom Paradies, dem Sündenfall und seinen Folgen verstehen. Mit Kapitel 5 fängt die Geschichte Noahs an. Der Vers lautet: »Damals wurde damit begonnen, den Namen Jahwes anzurufen.«[25] Der unmittelbar vorausgehende Text berichtet vom dritten

---

23 *Nikolaus Himmelmann*, Wege aus der Heillosigkeit. Bibel und Soziobiologie: Erklärungsmodelle für das Entstehen von Religion, FAZ 31.3.1999.
24 Die epistemologischen Schwierigkeiten, die mit diesem Wissensbegriff verbunden sind, sollen nicht geleugnet werden; vgl. neuerdings: Erkenntnistheorie. Positionen zwischen Tradition und Gegenwart, hg. v. *Thomas Grundmann*, Paderborn 2001. Sie beziehen sich aber in der Regel darauf, ob Verifikation überhaupt möglich ist. Der hier verwendete Wissensbegriff als solcher wird dabei zumeist zugrunde gelegt.
25 Übersetzung nach *Horst Seebass,* Genesis I. Urgeschichte (1,1–11,26), Neukirchen-Vluyn 1996, 165.

Sohn Adams, Schet, der anstelle des erschlagenen Abels Adam von Gott als Nachkomme gewährt wird. Schet wiederum wird ein Sohn geboren, dem er den Namen Enosch gibt, was übersetzt soviel wie Menschheit bedeutet. Die Zeilen bergen einige exegetische Schwierigkeiten. Doch mit der Erwähnung der ersten ausdrücklichen Namensgebung durch Schet und der Bedeutung von Enosch, Menschheit, erscheint es sinnvoll, hierin einen Hinweis des Verfassers auf den Ursprung der Gottesanbetung unter den Menschen zu sehen und damit den Vers auf die ganze Geschichte des Sündenfalls zu beziehen. Darin liegt dann aber die Einsicht des Verfassers, dass für religiöses Verhalten das Essen vom »Baum der Erkenntnis« die Voraussetzung bildet. Denn diese neue Erkenntnis des Menschen beinhaltet nicht nur das Wissen um Gut und Böse, sondern auch das Wissen darum, dass er sterben wird. Moralisches Wissen als auch das Wissen um den eigenen Tod lassen sich aber nur aufgrund der Ich-Einstellung, aufgrund von Selbsterkenntnis begreifen. Im Bild der Vertreibung aus dem Paradies wird in diesem alten Text die besondere Stellung des Menschen in der Welt hervorgehoben. Diese Stellung bestimmt sich dadurch, dass der Mensch erkennt, dass er gleichsam aus der Natur herausgefallen ist und ihr nunmehr als erkannter gegenübersteht. Die gläubige Einstellung bedenkt daher den ursprünglichen Einklang von Geist und Natur, die Einheit der Wirklichkeit und ist sich zugleich durch die Selbsterkenntnis der Differenz bewusst, die die Wirklichkeit mit dem Unterschied von Geist und Natur gleichsam innerlich durchzieht.
Ein weiterer Aspekt kommt noch hinzu.
Die Einsicht in die allumfassende Wirklichkeit beinhaltet nämlich die Erkenntnis, dass der Mensch trotz seiner Intentionalität als Selbstverwirklichung und Ursächlichkeit für die empirische Welt in einer Abhängigkeit steht, die in der biblischen Geschichte vom Sündenfall und seinen Folgen durch die Gottesverehrung dargestellt ist. So zuhanden, um mit Heidegger zu sprechen, die Wirklichkeit als beherrschte, empirische Natur auch sein mag, als An-sich-Natur bzw. An-sich-Wirklichkeit entzieht sie sich dem Menschen. Sie ist ihm als solche in inhaltlicher Bestimmtheit nicht erkennbar und damit nicht verfügbar. Dieser Aspekt der Wirklichkeit kann allein in einer gläubigen Einstellung bedacht werden.
Und so bestätigt sich in diesem Zusammenhang Schleiermachers berühmte Bestimmung des Wesens aller Frömmigkeit, nämlich »dass wir uns unserer selbst als schlechthin abhängig, oder, was dasselbe sagen will, als in Beziehung mit Gott bewusst sind.«[26] Wir sind in dem, was

---

26 Der christliche Glaube (1830/31), hg. v. *Martin Redeker*. Nachdruck der 7. Aufl. 1960, Berlin / New York 1999, 23. Vgl. zu Schleiermachers Definition *Konrad Cramer*, Die subjektivitätstheoretischen Prämissen von Schleiermachers Bestimmung des religiösen Bewusstseins, in: Friedrich Schleiermacher 1768–1834. Theologe – Philosoph – Pädagoge, hg. von *Dietz Lange*, Göttingen 1985.

wir sind, ein Aspekt der Gesamtwirklichkeit, der wir uns als erfolgreiche und damit selbstverwirklichende Wesen verdanken.
Diese allumfassende Wirklichkeit bildet durch den Menschen, den Geist als Intentionalität, einen inneren Dualismus. Doch als Wesen, das zur Selbsterkenntnis und damit zur Philosophie fähig ist, kann der Mensch, wenn er diesen spezifischen Zusammenhang philosophisch zu ergründen versucht, sich nur auf sich als Geist, auf diesen einen Aspekt beziehen und kann daher auch durch Selbsterkenntnis inhaltlich Bestimmtes nur von sich wissen, von seiner eigenen Vernunft als Intentionalität. Der An-sich-Bereich entzieht sich seinem verstehenden Zugriff. Die Vernunft als spezifisches Vermögen zur philosophischen Reflexion kann bis zur Einsicht in diese Zweideutigkeit der Wirklichkeit gelangen, zur Einsicht in die notwendige Einheit dieser Zweiheit. Was die Wirklichkeit inhaltlich an sich selbst betrachtet ihrem Wesen nach ist, vermag die Vernunft jedoch nicht mehr zu ergründen.
Hier öffnet sich aber durch philosophische Reflexion schließlich der Platz für den Glauben an eine Offenbarung, die es erlaubt, über das Wissen hinaus, den An-sich-Bereich in seiner Verwiesenheit auf den Menschen als den Zuspruch eines Gottes anzureden. Dabei darf ein solcher Glaube jedoch am Ende nicht gleichsam ein Lückenbüßer dafür sein, dass die philosophierende Vernunft mit ihren Bemühungen nicht weiter kommt. Denn sie kann prinzipiell nur bis zu dieser Grenze gelangen. Die Möglichkeit des Glaubens entspringt an dieser Stelle daher aus Vernunftgründen.
Ein solcher Glaube erfordert es nun aber, sich zunächst gewissermaßen von sich selbst und seiner primären Intention auf Erfolg, der Intention auf das Gefügigmachen der Wirklichkeit, zu lösen. Ein solcher Glaube bedarf dann der äußersten Anstrengung von Subjektivität als Intentionalität zur Überwindung ihrer selbst als »Erfolgsbesessenheit«.[27] Diese Überwindung selbst muss aber ebenso als Erfolg betrachtet werden, als einer, der in der Überzeugung besteht, dass das Loslösen von der Verfallenheit an die Welt einen Zuspruch sichtbar macht, der auf ein Geheimnis verweist, das nicht durch Vernunft begriffen, sondern durch Vernunft zugelassen wird.
Es ist durchaus kein Zufall, wenn Kant die religiöse Einstellung des Menschen mit der ästhetischen vergleicht.[28] In der ästhetischen Einstellung werden die erkannten Objekte ihrer Alltäglichkeit und Zuhandenheit für den Menschen enthoben. Sie werden gleichsam entlassen aus ihrem Zweck-Mittel-Zusammenhang, der letztlich beim Menschen als Selbstzweck terminiert. Ein Urteil wie »Dies ist schön«

---

27 Vgl. *Gerold Prauss*, Kant über Freiheit als Autonomie, Frankfurt a.M. 1983, 314.
28 Kritik der Urteilskraft, AA Bd. 5, S. 482 Anm.: »Die Bewunderung der Schönheit sowohl, als die Rührung durch die so mannigfaltigen Zwecke der Natur, welche ein nachdenkendes Gemüt noch vor einer klaren Vorstellung eines vernünftigen Urhebers der Welt zu fühlen im Stande ist, haben etwas einem *religiösen* Gefühl Ähnliches an sich.«

als Selbstzweck terminiert. Ein Urteil wie »Dies ist schön« kann daher auch nicht als ein empirisches Urteil begriffen werden. Schönheit kann man nicht in einem strengen Sinn wahrnehmen, so wie wir Farben und räumliche Gestalten erkennen können. Man kann auf die Schönheit als Eigenschaft eines Gegenstandes nicht zeigen. Genau deshalb unterscheidet sich diese so verstandene Schönheit auch von der Oberflächenästhetik des alltäglichen und auch postmodernen Denkens. Dieses angeblich Ästhetische ist die bloße Oberfläche, das äußerlich Wahrnehmbare.
Das ästhetische Urteil im Kantischen Sinne ist daher kein Erkenntnisurteil, wie z.B. »Dies ist rot«. Dies ergibt sich aus einem weiteren Aspekt aus Kants Theorie der ästhetischen Einstellung des Menschen, der mit der gläubigen Einstellung vergleichbar ist. Denn ein ästhetisches Urteil bezieht sich nicht nur auf einen Gegenstand, sondern zugleich auf das Subjekt dieser Einstellung. Ein ästhetisches Urteil drückt eine spezifische Lust an dem schönen Gegenstand aus. Doch diese Lust darf nicht mit der Lust am Angenehmen, wie Kant sich ausdrückt, verwechselt werden. Dies ist nämlich die Lust an der Oberfläche. Sie ist rein subjektiv. Sie beherrscht unsere sogenannte Fun-Gesellschaft. Kant bemerkt: »Mit dem Schönen ist es ganz anders bewandt. Es wäre ... lächerlich, wenn jemand, der sich auf seinen Geschmack etwas einbildet, sich damit zu rechtfertigen gedächte: dieser Gegenstand (das Gebäude, was wir sehen, das Kleid, was jener trägt, das Konzert, was wir hören, das Gedicht, welches zur Beurteilung aufgestellt ist) ist für mich schön. Denn er muss es nicht schön nennen, wenn es bloß ihm gefällt. Reiz und Annehmlichkeit mag für uns vieles haben, darum kümmert sich niemand; wenn er aber etwas für schön ausgibt, so mutet er andern eben dasselbe Wohlgefallen zu: er urteilt nicht bloß für sich, sondern für jedermann und spricht alsdann von der Schönheit, als wäre sie eine Eigenschaft der Dinge.«[29]
Vor allem in der Betrachtung der Naturschönheit liegt für Kant die intuitive Einsicht: Wenn der erkennende Mensch mit seinem Erkenntnisvermögen »sich selbst frei überlassen wäre«, so hätte er diese Natur genauso entworfen.[30] In einem so verstandenen Begriff der Schönheit verbirgt sich mithin die Einsicht, dass sich die erkannte Wirklichkeit nicht in einem absoluten Sinne der Leistung des Subjekts verdankt. Im Begreifen der Naturschönheit im Sinne Kants liegt daher eine Würdigung des allumfassenden Bereichs der Wirklichkeit, die auch der religiösen Einstellung eigen ist.
Ästhetische Einstellung und religiöser Glaube lassen sich zwar nicht aufeinander reduzieren. Sie entspringen aber einer vergleichbaren intentionalen Anstrengung menschlicher Subjektivität, die sich offen hält

---

29 Kritik der Urteilskraft, in: Akademie-Ausgabe Bd. 5, 212.
30 Ebd., 240f.

für ein Anderes. Ebenso muss auch die liebende Beziehung zu einem anderen Menschen als eine entsprechende Leistung begriffen werden. Der Glaube in seiner Offenheit richtet sich aber nicht, wie die ästhetische Einstellung, auf einen einzelnen Gegenstand oder, wie die liebende Einstellung, auf eine einzelne Person, sondern auf die Wirklichkeit in einem allumfassenden Sinne, auf das allumfassende Sein als Urgrund der Wirklichkeit, dem auch der Mensch sich verdankt.
Vor allem die Geschichte der Kunst ließe sich als Beleg für den engen Zusammenhang von Ästhetik und Religion heranziehen, und damit als ein Beleg für die intuitive Kenntnis von der Zweideutigkeit der Wirklichkeit. Der Ursprung aller Kunstgegenstände ruht in ihrer Verwendung im Rahmen religiöser Rituale. Es zeigt sich hier die intuitive Einsicht religiöser Menschen, sei es im Sinne der Mythen oder sogenannter Hochreligionen, dass die Wirklichkeit von Welt und Mensch weder im bloßen Geist noch in bloßer empirischer Natur aufgeht, sondern beides zusammen eine besondere Einheit bildet, die auf erkenntnistheoretischem Wege in ihrem Dass-Sein gewusst werden kann, in ihrem Was-Sein aber allein dem Glauben zugänglich ist. Bis zu diesem Punkt kann erkenntnistheoretische Reflexion im kantischen Sinne und damit das Wissen gelangen. Die menschliche Vernunft, der menschliche Geist ist auf einen Bereich verwiesen, der der Einsicht und damit dem Wissen grundsätzlich enthoben ist, der aber als Wirklichkeit notwendig anzunehmen ist. Dass es diesen Bereich gibt, steht damit für die Vernunft außer Frage. Wie es diesen Bereich gibt und was dieser Bereich ist, das kann nicht erkannt und damit auch nicht gewusst werden. An ein Wie und ein Was dieses Bereiches kann folglich nur geglaubt werden. Dies ist der berechtigte Platz des Glaubens. Und er lässt sich vernünftig, nämlich philosophisch begründen.
Ebenso wie durch die ästhetische Einstellung bringt sich der Mensch durch den Glauben in eine besondere Beziehung zur Wirklichkeit. Der Mensch hat im Glauben wie in der ästhetischen Einstellung sich selbst mit im Blick. Der Philosoph Friedrich Heinrich Jacobi stellt fest: »Also wie der Mensch sich selbst erkennet, als ein freies, das heißt, als ein durch Vernunft über die Natur erhabenes Wesen; als ein Wesen, dem geboten ist zu schaffen das Gute und Schöne nach einem ihm innewohnenden Urbilde; wie er dergestalt sich selbst erkennet; so erkennt er auch, dass über der Natur und über ihm selbst sein muss, ein allerhöchstes Wesen: Gott! Und wie er sich nicht erkennet als ein freies, durch seinen Geist von der Natur unabhängiges Wesen; so erkennt er auch Gott nicht, sondern erblickt überall bloß Natur.«[31]
Durch den Glauben wie durch die ästhetische Einstellung ist der Mensch nicht ausschließlich durch seine Erfolgsbesessenheit an die

---

31 *Friedrich Heinrich Jacobi*, Schriften zum Streit um die göttlichen Dinge und ihre Offenbarung, hg. v. *Walter Jaeschke*, Hamburg / Stuttgart / Bad Canstatt 2000 (= Gesamtausgabe, hg. v. *Klaus Hammacher* u. *Walter Jaeschke*, Bd. 3), 104.

Welt ausgeliefert. Ästhetik und Religion sind Weisen der Selbstbesinnung. In dieser Selbstbesinnung erkennt sich der Mensch, einerseits im Einklang, andererseits aber auch in Differenz zur Wirklichkeit, die ihn in ihrer Unbegreiflichkeit übersteigt. In dieser Einsicht aber liegt das kritische Potenzial beider Weisen menschlichen Daseins, die jedoch heutzutage immer mehr in den Hintergrund zu treten scheinen.

DIETER KORCZAK

Rummel als Mentalität

I. »Ein Bild sagt mehr als 1000 Worte«

Dieser Lehrsatz steht stellvertretend für das 20. Jahrhundert. Die Wucht der Bilder überlagert die Kraft der Worte. Es sind die Bilder des Grauens aus den Konzentrationslagern der Nazis, die Bilder von von Napalm verbrannten Kindern des Vietnam-Krieges, aber auch die täglichen Nachrichtenbilder der Tagesschau. Die Wissenschaft hat für die Flut der Bilder den Begriff »Iconic Turns« gefunden. Das Bild wird nicht mehr nur als Textillustration benutzt, sondern steht für den Text. Komplizierte Abläufe, Zusammenhänge und Strukturen werden durch die Visualisierung eingängig, anschaulich, verständlich und überzeugend. Neue Techniken der Erzeugung und Verbreitung von Bildern in den Massenmedien und die Sichtbarmachung von zuvor Unsichtbarem in den Wissenschaften haben zu diesem als Parameterwechsel bezeichneten Wandeln vom Text zum Bild beigetragen. Die Filmindustrie ist mit der Verwendung computeranimierter Figuren und Szenen ein Vorreiter: Filme wie »Terminator 2«, »Krieg der Sterne« oder »Independence Day« sind ohne die Computeranimationen nicht denkbar – vielleicht auch nicht nötig – und spielen am ersten Wochenende bereits zweistellige Millionenbeträge ein. Ein bedeutender Wandel vom Text zum Bild stand auch am Beginn der Moderne im 15. Jahrhundert. ›Ut pittura poesis‹ will heißen: Bildgebung schafft Erkenntnis. Das Universalgenie Leonardo da Vinci hat mit seinen Anatomiestudien, technischen Konstruktionszeichnungen und Wissenschaftsillustrationen die humanistische Ikonographie (Bilddeutung) eingeleitet. Aber es hieß damals, Bildgebung schafft Erkenntnis, während es heute in vielen Fällen Bilder statt Erkenntnis bedeutet.

II.

Die Bilder, die wir sehen, werden von unserem Gehirn gespeichert. Die Aussagen der Gehirnforschung, dass unser Gehirn bestimmt, wie uns die Welt erscheint, dass unsere Weltbilder Konstrukte sind, hilft uns bei der Bewertung dieser Speicherung wenig. De facto bekommen die Bilder ihre Bedeutung durch das Gedächtnis, die gelernten Erfah-

rungen, die mit der Bildwahrnehmung verbundenen oder konditionierten Empfindungen und die archetypischen Symbole, die in den Bildern gesehen werden. Die Symbole erhalten ihre Bedeutung durch die Geschichte, die hinter ihnen steht.
Ein solches Symbol ist das Kreuz. Das Kreuz ist ein Signalzeichen: »*...und der Herr machte ein Zeichen an Kain, dass ihn niemand erschlüge*« (1Mose 4,15) Das Kainszeichen gilt ursprünglich als Tätowierung der Keniter, die man sich später oft als Kreuz vorstellte. Das Kreuz kommt als +-Zeichen in der Mathematik vor, dient als X-Kreuz zur Stimm-Abgabe und als Unterschrift. Das Kreuz bewegt sich zwischen religiösem Zeichen und ikonographischem Abzeichen, zwischen Christus-Kreuz, Andreas-Kreuz, Rotem Kreuz, römischem Wege-Kreuz und Schweizer Flagge, zwischen Faden-Kreuz und BAYER-Kreuz. Der Templerorden machte sich mit dem Zeichen des roten Kreuzes auf weißem Grund unverwechselbar, die Johanniter wählten das weiße, der Deutsch-Ritterorden das schwarze Kreuz. Die Römer verwendeten das X-Kreuz als Zeichen für 10, als mathematische Unbekannte wurde es von Descartes eingeführt, als Multiplikationszeichen ist es 1631 zum ersten Mal dokumentiert.
In der Geschichte des Kreuzes stellt das Christentum zwar einen wichtigen, aber zeitlich kleinen Ausschnitt dar, denn das Kreuz kommt gleichsam archetypisch in den verschiedensten Kulturen in großer Regelmäßigkeit und in einem reichen Kanon von Bedeutungen vor. Kreuzformen und Kreuzfunde finden sich in antiken vorchristlichen Hochkulturen sowohl in Ägypten, Syrien, Phönizien, in der chinesischen Provinz Honan, in den Inka-Kulturen oder bei den Kelten. Keramikfunde aus Zypern (3000 v.Chr.) zeigen Menschen mit ausgebreiteten Armen in Kreuzhaltung mit einem Mutterkreuz als Halsschmuck. Das im Kreis verankerte Keltische Kreuz symbolisiert Lebenskraft, die Vereinigung von Mann und Frau, während das ägyptische Henkelkreuz für Isis und Osiris steht.

Abb.: ägyptisches Henkelkreuz

Es ist offensichtlich, dass das Kreuz kein einfaches Zeichen ist. »*Dazu ist es zu komplex, als Form wie als Zeichen, zu alt und ortsungebunden, um nicht ständig und überall wandlungsfähig vorzukommen. Zu krass ist der Dualismus von ›Symbol der Symbole‹ einerseits – bald Leben, bald Tod signalisierend – und besinnungslosem Gestus andererseits, zumal in beidem sein Wesen erfasst ist*«.[1] Das ist die Geschichte, die hinter dem Kreuz steht.

---

1 *Stefan Soltek / Uwe Loesch*, ÜberKreuz. Vom Zeichen zum Abzeichen, Mainz 1998, 74.

III.

Besinnungsloser Gestus zeichnete auch die Landsknechte aus. Söldner, um Lohn und Beute kämpfende Berufskrieger sind in Europa seit dem 11. Jahrhundert belegt. Im Zuge der Entwicklung der Geldwirtschaft und der dadurch für Lehnsritter gegebenen Möglichkeit, sich von Dienstverpflichtungen ihres Kriegsherrn freikaufen zu können, setzte sich das Söldnertum seit dem 14. Jahrhundert endgültig gegenüber dem Lehnkriegswesen durch. Von da an wurden die Fußsöldner als Landsknechte bezeichnet. Sie schritten mit langen Spießen in der Igel-Formation und lautem Trommelklang hinter Kreuzen und Standarten in den Krieg und damit meistens in den Tod. In ihrem Tross die Marketenderinnen, Händlerinnen und Gunstgewerblerinnen gleichermaßen. Lärm ist untrennbar mit dem Leben und Lebensgefühl der Landsknechte verbunden. Das Lärmen und Toben hieß im frühen Neuhochdeutschen ›rummeln‹. Rummel ist deshalb nichts anderes als lärmendes Toben bzw. tobender Lärm. Der Rummelplatz ist ein Platz, auf dem Lärm und Trubel erlaubt sind, ja erwartet werden. Sensationen gehören zwingend zum Rummelplatz dazu: sensationelle Steilwandfahrten, Super-Gewinne, spektakuläre Achterbahnen. Jahrmärkte sind bunt, abwechslungsreich, voller vielversprechender Ankündigungen, ein Angriff auf alle fünf Sinne. Augen, Ohren, Nase, Geschmack werden überflutet mit Reizen, die Haut wird durch die Gravitationskräfte nach außen gezogen und nach innen zusammengedrückt. Trotzdem bleibt alles an der Oberfläche, es kommt nur auf die Vorstellung, die ›Performance‹, an: Treten Sie näher, treten Sie ein, so etwas haben Sie noch nicht gesehen, so etwas haben Sie noch nicht erlebt. Das Erleben wird auf den kurzfristigen Rausch reduziert, durch drei Maß Bier oder durch 1 ½ Minuten in den ›Amazing Coasters‹. Im Jahre 1975 stand auf dem Münchner Oktoberfest die allererste Schwebe-Achterbahn, auch ›Suspended Coaster‹ genannt, der »Alpenflug«. Die Achterbahn wurde von Messerschmitt-Bölkow gebaut und war deshalb spektakulär, weil ein Zug mit 6 aneinandergekoppelten Gondeln für je 4 Personen unter der Schiene hing. In den Kurven schwingen die Gondeln in einem Winkel von 80 Grad nach außen, das erzeugte den Adrenalinschub bzw. den ›thrill‹. Der Jahrmarkt, das Kirchweihfest, das Oktoberfest, immer und heute ganz besonders vermischt sich auf dem Rummelplatz das Profane mit dem Erhabenen, das Weltliche mit dem Religiösen. Aus der Kirchweih, der Einweihung der Kirche, und der Kirchweihmesse wird mundartlich die *Kir(ch)messe* und schließlich die Kirmes, die zumeist nur noch etymologisch einen Bezug zu ihrem Ursprung hat. So wird wie jedes Jahr auch dieses Jahr auf dem Münchner Oktoberfest im Dunstkreis von Bierzelten, Grillstationen, Schießbuden, Karussells und Landwirtschaftsausstellung der traditionelle ökumenische Oktoberfestgedenkgottesdienst stattfinden.

Abb.: unchristliche Himmelsfahrt

Der Rummelpatz ist zum festen Angebot und Bestandteil der Unterhaltungsindustrie geworden. Permanent kann man sich im Disneyland (Paris oder Orlando/USA), im Europapark Rust, im Skyline-Park im Allgäu oder im Phantasialand in Brühl amüsieren. Dieses aus dem Französischen übernommene Wort ist aus dem römischen ›musus‹ = Maul, Schnauze abgeleitet. Amüsieren ist deshalb nichts anderes, als mit offenem Maul dazustehen und etwas Verblüffendes zu betrachten und sich damit seine Zeit zu vertreiben. War die Kirmes die weltliche Begleitmusik zum religiösen Festakt, so liefert heute der kirchliche Feiertag die Folie für rummelige Aktivitäten, bei denen einem das Maul auf bleibt. Er wird bestenfalls von einer Minderheit zur Muße und Besinnung sowie zur Feier des zugrundeliegenden Anlasses genommen. Die Mehrheit nutzt den gesetzlichen Feiertag als Urlaubsbrückentag oder um sich mit etwas Verblüffendem die Zeit zu vertreiben. Als ein Beispiel aus der Legion möglicher Beispiele möchte ich auf das Angebot der ›Titty Twister‹ zu Christi Himmelfahrt hinweisen, in der Anzeige durchaus zutreffend als unchristliche Himmels-Abfahrt angekündigt.

IV.

Der künstlerische Tabu-Bruch mit religiösen Symbolen gehört zum Inventar der Kunstgeschichte, ist doch künstlerischer und religiöser Ausdruck ursprünglich eins gewesen. Hegel hat in seinen Vorlesungen über Ästhetik darauf hingewiesen, dass freie und wahrhafte Kunst im Kreis der Religion und Philosophie ihre höchste Aufgabe findet, in dem sie den Gegensatz und Widerspruch des in sich abstrakt beruhenden Geistes und der Natur auflöst und zur Einheit zurückführt. Kunst emanzipiert sich damit aus der Funktion, in der sie als flüchtiges Spiel gebraucht wird oder der Verzierung der äußeren Umgebung, dem Vergnügen und der Unterhaltung dient.

So ist beispielsweise das Kreuz immer wieder Gegenstand von künstlerischen Auseinandersetzungen gewesen, u.a. bei Francis Bacon, Joseph Beuys, Antonio Tapies, Eduardo Chilida, Alfred Hrdlicka, Arnulf Rainer, Antonio Saura, Georg Baselitz und Markus Lüppertz. Wie eindrucksvoll und zeitlich überdauernd selbst künstlerische Miniaturen sein können, zeigt beispielsweise die Postkarte ›Filzkreuz über Köln‹, die Joseph Beuys 1975 in der Edition Staeck herausgegeben hat. Die innere Stimmigkeit mit dem Schmiergeldskandal 2001 der SPD-Genossen in Köln ist offensichtlich.

Profanisiert und umgedeutet, lediglich als Kalauer zu betrachten, wird heute das Inventar religiöser Symbolik ausgeschlachtet. Wie ist es zu verstehen, wenn großplakatig in Bregenz zwischen Kunsthaus und Sehbühne mit dem Bild einer Nonne für den Wechsel des Energielieferanten geworben wird. »Wechseln Sie wenigstens den Strom! heißt es dort, und ungeschrieben soll es wohl heißen, wenn sie durch ihr Gelübde sonst schon festgebunden sind. Zwischen Glaube, Gott und Strom besteht kein Unterschied mehr, alles ist gleichwertig, bewegt sich inhaltlich auf der gleichen Ebene.

Abb.: Nonne und Strom

Noch einen Schritt weiter geht die Anzeige eines Telefonanbieters in der Hamburger Morgenpost. Jesus Nazarenus Rex Judaeorum (INRI) wird ersetzt durch die Nummer der Auskunft dieses Anbieters. Der dazu gehörige Text ist die blanke Geschmacklosigkeit: »So merkt sich ein Messdiener die billige Nummer der Auskunft«. Salaman Rushdie ist für eine geringere Tabuverletzung lebenslang mit der Todesstrafe belegt worden. Das zutiefst Deprimierende an dieser Anzeige ist, dass Grafiker und Art Director der Werbeagentur, die diese Anzeige konzipiert haben, wie Produktmanager des Telefonanbieters sich ihres Sakrilegs wahrscheinlich gar nicht bewusst sind, sondern es für einen gelungenen, aufmerksamkeitserzeugenden Gag halten. Der Chef vom Dienst der Hamburger Morgenpost sah wohl auch nur den finanziellen Ertrag, den diese Anzeige gebracht hat.

Abb.: Hamburger Morgenpost

Subtiler ist die Verwendung einer religiösen Darstellung durch einen Wäschehersteller. In ihr ist eine doppelte Brechung enthalten. Die amerikanische Künstlerin Cindy Sherman stellt sich 1984 selbst als Zitat auf Madonnen-Darstellungen dar. 17 Jahre später verwendet der Wäschehersteller ein Fotomodell mit gleicher Frisur und gleicher Pose, um auf raffinierte Unterwäsche aufmerksam zu machen, bundesweit in Lichtsäulen an Bushaltestellen aufgebaut.

Die religiösen Symbole werden aus ihrem Kontext gerissen, sie werden ihrer Botschaft entleert, bleiben als leere Erinnerungshülsen zurück und werden mit einer Aufforderung zum Konsum neu aufgeladen.

Abb.: Palmers

V.

Bildung, Geschmack und Wissen prägten das Kunstverständnis des Bürgertums. Geschmacklosigkeit, Tabulosigkeit und Rummelmentalität sind die Schlüssel-Merkmale der hochindustralisierten westlichen Gesellschaften.
Der Begriff der Mentalität leitet sich aus dem lateinischen mens ›Sinn, Denkart, Verstand, Geist‹ ab. Mentalitäten bezeichnet somit den Zusammenhang von Disposition, Verhaltensmuster und Leitideen, wie sie für eine Person oder ein Volk kennzeichnend sind. Zur Mentalität gehört das selbstverständliche Erleben eines als selbstverständlich empfundenen Alltags. Durch Mentalitäten lässt sich daher auch der konservative Umgang mit der Wirklichkeit erklären. Die Regel ist nämlich nicht das Infragestellen, sondern die Verteidigung des einmal angenommenen Wissens, der Verhaltensmuster und Leitideen.
Diese Einsicht könnte beruhigend wirken und auch die Verwendung religiöser Motive in der Art wie oben beschrieben als flüchtiges Zeitgeist-Phänomen ohne nachhaltige Wirkung abtun. Dem ist leider nicht so, wie der Mitglieder- und Beteiligungsschwund in den Kirchen, die permanente Profanisierung sämtlicher Symbole und die gezielte Ausrichtung auf eine Spaß-, Erlebnis- und Event-Gesellschaft zeigen.
Alles wird zum Ereignis, zum Event. Der damit verbundene gesellschaftliche Lärm bemisst sich weniger an der Überschreitung von 65 Dezibel am Tag, sondern an der Aufgeregtheit der Ankündigungen, an der inszenierten Begeisterung, an den bestellten Claqueuren. Jede größere Stadt inszeniert mittlerweile eine lange Nacht der Museen. München organisiert zusätzlich im Mai die lange Nacht der Musik und im Juni die lange Nacht der Bücher. Keine dieser langen Nächte ist je auf ihre Wirkung hin wissenschaftlich untersucht worden, d.h. niemand weiß, ob durch solche Nächte ein tieferes Kunstverständnis geweckt wird oder bislang von Kunst wenig tangierte Bevölkerungsgruppen an Kunst herangeführt werden. Sicher ist nur eins, es ist für alle Beteiligten ein großes Happening, bei dem man sich mit dem Sektglas in der Hand in überfüllten Hallen vor den Exponaten herumdrückt und auch dabei war. Wen wundert es dann, dass in der Langen Nacht der Museen am 25. Mai 2002 in der Hamburger Kunsthalle eine Bronzeskulptur des Schweizer Künstlers Alberto Giacometti gestohlen wurde. Die Täter haben das 32 cm hohe Original gegen eine Holzkopie ausgetauscht. Der Wert der Skulptur wird auf 500.000 Euro geschätzt.
Selbst Religiosität muss heute offenbar inszeniert werden. In alten Fabrikhallen zelebrieren Jesusfreaks Lobpreis-Punk und bitten um Power. Kloster auf Zeit und Exerzitien im Alltag erleben einen Ansturm. Das Netz christlicher Medien wächst weltweit. Seit Anfang 2002 hat auch Deutschland sein Bibel-TV. Das digitale Pendant soll die Bibel ersetzen, die es früher in jedem Haushalt gab. Pastoren ler-

nen von Theaterleuten den packenden Auftritt unterm Kreuz, damit ihre Predigten mehr Pep bekommen. Der Schweizer Religionssoziologe Alfred Dubach hat in seiner Studie »Lebenswerte« festgestellt, dass die Art und Weise, wie Religiosität erlebt und gelebt wird, sich nachhaltig verändert hat. Religiosität folgt immer weniger einer Ordnung, wie sie von den kirchlichen Institutionen und deren Autoritäten festgelegt wird. Vielmehr ist heute die Religiosität der meisten Menschen ein eigenständiger und individueller Lebensentwurf aus einer Vielzahl von Angeboten auf dem Markt des Religiösen, man könnte es als Patchwork-Religiosität bezeichnen. Bemerkenswert ist in diesem Zusammenhang die Erkenntnis, dass Distanz zur Kirche nicht aus religiösen Differenzen entsteht, sondern durch Dissonanzerfahrungen mit der Institution Kirche im privaten Bereich.

Patchwork-Identitäten, möglichst von allem etwas, sind wie ein Kaleidoskop, unter dem nicht schöne Bilder, sondern das Laute, Grelle, Bunte und Oberflächliche des Rummelplatzes deutlich werden. Nach dem Rummelplatzbesuch ist schnell alles vergessen, die neuen Attraktionen warten schon. Der gesellschaftliche Rummel führt alle ins Vergessen. Sportler, Politiker, Künstler werden zu weltweit verschacherten Talkshow-Gästen und Gladiatoren ohne Aura, schnell ersetzbar, vergessbar, auch vom Fernsehpublikum. Sie unterliegen dem Kreislauf des Marktes, neue Produkte ersetzen alte, auch wenn die Neuigkeit sich nur auf den Produktnamen oder den Aufdruck »neu« bezieht. Nie wieder Gewalt hieß es nach dem Twin-Towers Attentat am 11. September 2001. Die Zeit der Trauer und Betroffenheit war kurz, gerade Mal ein halbes Jahr. Im Mai 2002 sind die vor dem 11. September produzierten und dann zurückgehaltenen gewaltverherrlichenden Filme alle mit großem Erfolg in den Kinos weltweit angelaufen.

CHRISTIAN THOMAS

Schwert und Flugzeug – Die Stadt als Ziel des Hasses und Raum der Erinnerung[1]

Wenn man diese Hinweise ernst nimmt, spricht einiges dafür, dass mit dem Angriff auf das World Trade Center nicht allein ein Anschlag auf die ökonomischen und kommerziellen Symbole New Yorks stattfand; nicht nur den aufragenden Zitadellen der Globalisierung galten die Todesflüge. Auch zielten die Terrorangriffe nicht allein auf Manhattan, sondern ebenso auf Washington – und doch ist man versucht, die Attentate als einen Hass zu verstehen, der sich auf die Stadt selbst fokussierte.

So könnte der Blick auf die Katastrophe in Manhattan eine Gelegenheit sein, den Sinn für den unschätzbaren Wert des Städtischen zu schärfen, denn die Stadt, als die ersten Wälle gezogen, die ersten Mauern errichtet wurden, ist seit ihren Anfängen ein Terrain der Weltschöpfung. Kein Zweifel, dass die ersten Städte, Jericho, Catal Hüyük oder Aleppo, Orte der Widersprüche waren, Bollwerke des Schutzes und Ausgangspunkt der Aggression, sie hatten, wie Lewis Mumford geschrieben hat, eine »despotische und eine göttliche Seite«. Ihre Realität ließ sich nicht beschönigen: »Tausend kleine Kriege wurden auf dem Marktplatz ausgetragen, vor Gericht, beim Ballspiel oder auf der Rennbahn.« Mumford meinte das nicht metaphorisch – seit grauer Vorzeit ist die Stadt ein von Widersprüchen berstender Behälter gewesen, eine Aggressionsmaschine nach innen wie nach außen. Und doch waren die Götter auf »diese kostbarste Erfindung der Zivilisation« (Mumford) schon deswegen nicht gut zu sprechen, weil sie dem Gotteswerk trotzte: der Natur. Mit der Stadt erwuchs dem Reich der Götter eine unberechenbare Konkurrenz. Städte forderten die Götter ob ihrer »gottlosesten« Eigenschaft heraus: ihres Eigensinns.

Die Stadt, das größte Gesamtkunstwerk, das die Menschheit fertiggebracht hat, stellt für jedweden eine Provokation dar. Der religiöse Mensch hat selbst in der nach kosmischen Regeln errichteten Stadt allenfalls den zerbrochenen Spiegel des Universums erkennen können;

---

[1] Nachdruck aus FR vom 20.9.2001. Wir haben den Artikel von Herrn Thomas nachgedruckt, weil das rituelle Städtemorden nicht erst am 11. September als Konglomerat von Ritual, Fundamentalismus und Ästhetik begonnen, sondern viele historische Vorbilder hat: Sodom und Gomorrha, Hiroshima und Nagasaki, Pforzheim und Dresden.

zudem hat das Religiöse nie ausgereicht, um den »Stadt-Kosmos« (Mircea Eliade) zu kontrollieren. Der Extremist wird die Textstellen in der Bibel und im Koran kennen, auf die sich sein Zerstörungswille beruft, ein Fundamentalismus, der auf das Undomestizierbare der Stadt stets mit Panik reagiert hat, befeuert durch ein manichäisches Weltbild, für das sich die Dichte und die Widersprüchlichkeit des Städtischen noch nie hat »abbilden« lassen. Für den Kopf des Fundamentalisten ist das Bild, das die Stadt abgibt, tatsächlich zu gewaltig. Der Terroranschlag galt nicht nur dem »frevelnden«, dem »ungläubigen« Manhattan, sondern es war eine Tat, um die Zumutung des unpassenden Bildes zum Einsturz zu bringen. Da sich die Komplexität Babylons nicht denken lässt, bedarf es seiner Zerstörung, der Vernichtung seines Eigensinns.

Für das manichäische Weltbild und seine Sehnsucht nach nicht-komplexen Verhältnissen ist vom Städtischen immer schon eine unheimliche Bedrohung ausgegangen. Die humane Hybris der Selbstbehauptung gegenüber der göttlichen Ordnung wurde in der Apokalyptik entsetzlichen Vorstellungen ausgesetzt. Die »archetypische Angst« (Bogdanovic) hat das Städtische stets als Skandal geortet; und gehörte dazu nicht bereits Troja? Man mache sich nichts vor: Die westliche Zivilisation hat sich gleichsam auf einen verheerenden Mythos verständigt, denn was Homer in der Ilias besang, war das Niederbrennen einer Stadt. Durch die List des verschlagenen Odysseus wurde eine befestigte Agglomeration erobert und auf immer niedergemacht.

Der Stadthass hat über Jahrhunderte von den Mythen gezehrt, besonders aggressiv formulierte ihn in der jüngeren Geschichte die Blut- und-Boden-Ideologie der Nazis. Das Unkontrollierbare war im Visier, unter Verdacht stand im weitesten Sinne das, was man den *Selbstbehauptungswillen* der Stadt nennen könnte. Denn die Stadt hat im Laufe der jüngeren Geschichte Staaten und Nationen überdauert, auf die gesamte Geschichte der Zivilisation gesehen überstanden so heftig umkämpfte Metropolen wie Jerusalem und Konstantinopel, Rom oder Mekka Reiche und Regime.

Diese provozierende Beständigkeit hat die Stadt zum Ziel des Bildersturms gemacht. Die Twin Towers des WTC sind von den Attentätern als Symbol angesehen worden – als eindeutige Bilder, und es steht zu fürchten, dass sich hinter ihrem Furor nicht zuletzt ein religiös motiviertes Bilderverbot verbirgt. Die Attacke galt einem in ihren Augen omnipräsenten Abgott der Globalisierung. Doch zur Strategie des Ikonoklasmus gehört, dass er allezeit von der grellen Tat gelebt hat. Das Bilderverbot hat in dem Moment, in dem es sich als Bildersturm in Bewegung setzte, allemal von grellen Bildern gezehrt. Im Bildersturm war das Bilderverbot für die Zeit der Raserei ausgesetzt.

Der Kinogänger hat angesichts der Bilder vom 11. September in Richtung Hollywood geforscht. Doch das Attentat auf das World Trade

Center gehört nicht allein in die Geschichte der Katastrophen, auf die das Drehbuch und der Actionfilm bereits längst spekuliert haben, sondern ist ein weiteres Kapitel aus der Geschichte des Vandalismus. Der Bildersturm, zumal der religiös motivierte, sucht die Erlösung in der Stillstellung. Dies haben Anfang März des Jahres die Aktionen der Taliban bei der Zerstörung der Buddhastatuen von Bamian der Weltöffentlichkeit jäh vor Augen gestellt, und auch die Zerstörung der beiden Twin Towers in Manhattan, in denen der religiöse und politische Fundamentalismus einen Götzen des *American way of life* sah, sind Ausdruck einer mörderischen Sehnsucht nach einem letzten Bild. Der Bildersturm der Massenmörder verzehrte sich nach einem Bild, in der die Welt ein entsetzliches Stillleben erkennt: *Natura morte* des Todestriebs.

»Rituelles Städtemorden«

Kein Vandalismus ohne Triumphgefühl – in diesem Fall über die Stadt als einem Symbol nicht nur des Frevels und der »Unreinheit«, sondern wegen ihrer provozierenden *Unsterblichkeit*. Wegen ihrer ständigen Fähigkeit zur Erneuerung und Verjüngung liegt eine der größten Zumutungen des Urbanen in seiner elementaren Erneuerungsbesessenheit, einer Sucht, die die Stadt als Erinnerungsraum, als Ort des historischen und kulturellen Gedächtnisses unaufhörlich gefährdet. Die Bilder der letzten Tage haben den Körper der Stadt in seiner horrenden Verletzbarkeit gezeigt. Die Drahtzieher der Extremisten werden verfolgt haben, wie sich Schutt und Asche als graues Leichentuch über Teile der Metropole gelegt haben.
Und wie immer, wenn eine urbane Zivilisation gebrannt hat, erzwangen die Bergungsarbeiten einen ungeahnten Kannibalismus. Die Lungen der Überlebenden, insbesondere die der Helfer, verleibten sich, neben dem Staub der Trümmer, auch die Asche der verkohlten Leiber ein.
Bogdan Bogdanovic sprach vor rund acht Jahren aus Anlass des politischen und religiösen Fundamentalismus von einem »rituellen Städtemorden« auf dem Balkan. Nicht dass Bogdanovic angesichts des Städtischen Unbehagen und Furcht geleugnet hätte – denn wie viel ließe sich einwenden gegen die Aggressionsmaschine Stadt. Und doch gilt es, an ihrer Idee festzuhalten, als Ort der Geschichte und der Vision, wobei Bogdanovic, über den historischen und kulturellen Gedächtnisraum Stadt hinaus, in seinem traurigen Buch noch einen weiteren Aspekt ins Spiel brachte. Er nannte die Stadt ein »Depot der anthropologischen Erinnerung«.
Bogdanovic hat diesen Gedanken in seinem Buch nicht ausgeführt. Aber vielleicht kann man ihn so verstehen, dass die Stadt schon deshalb ein Raum der anthropologischen Erinnerung ist, weil in ihr eine elementare Macht wirkt, die »Ubiquität des Menschlichen präsent zu

halten« (Hans Blumenberg). Von Babylon bis New York: der *melting pot* hat dafür immer eine gewisse Garantie übernommen.

HARRY PROSS

Riten als Sozialkitt

I.

Montaigne hat in einem kleinen Essay über »Förmlichkeiten bei Zusammenkünften der Könige« gefragt: »Wozu flöhe man die Sklaverei der Höfe, wenn man sie bis in seinen Schlupfwinkel mitschleppte?«, jedoch hinzugefügt, jedes Städtchen und jeder Stand habe seine besondere Höflichkeit. Ihm selbst seien die Gesetze der französischen Lebensart nicht unbekannt, und er liebe, sie zu befolgen, nur nicht so kriecherisch, dass sein Leben davon eingeengt werde. Manche Förmlichkeiten könne man vergessen, ohne dadurch weniger Anstand zu haben: »Ich habe manchen Menschen gefunden, der aus übergroßer Höflichkeit ungezogen war und aufdringlich aus lauter Beflissenheit. Indessen ist die Kunst, mit Menschen umzugehen, eine sehr nützliche Wissenschaft. Sie ist, wie die Anmut und Schönheit, Vermittlerin der ersten Schritte zur Geselligkeit und Vertrautheit und öffnet uns folglich die Tür, uns durch die Beispiele anderer zu unterrichten und unser eigenes Beispiel auszubilden und ins Licht zu setzen, sofern es etwas Nutzbringendes und Mitteilenswertes enthält«.[1]
Montaigne weist die Etiketten und Zeremonien des öffentlichen Lebens zugunsten seiner privaten Riten zurück. Der Kalenderritus verbindet beide mit seinen Zeitmessungen. Das entspricht unseren diversen Zeitbegriffen von biologischer Lebenszeit und deren subjektiver Einschätzung der kollektiv vereinbarten Kalenderzeit mit der Zeitmessung (Dauer). Riten sind periodisch wiederholte Handlungen unter zeitlich fixierten Bedingungen in bestimmten Räumen. Also ging es auch bei den Förmlichkeiten der Könige zuerst um den gegenseitigen Respekt der Könige für den Zeithaushalt des anderen, ohne eigene Lebenszeit zu verschwenden. Rangfolgen sind Zeitfolgen: Wer bekommt mehr Zeit, wer weniger? Wer bestimmt die Abmessungen, den Ort, die Gesellschaft? Wessen Protokoll gilt? Ordnung im Raum durch vorherige Zeitabsprache. So bei den Großen; aber Montaigne hat schon recht: Jedes Städtchen und jeder Stand hat seine besondere Höflichkeit. Allgemein gilt für unhöflich, nicht zu Hause zu sein, wenn jemand sei-

---

[1] *Michel de Montaigne*, Essais, Auswahl und Übersetzung von *Herbert Lüthy*, Zürich 1953, 89f.

nen Besuch angesagt hat, weil ihm mit Weg und Warten Lebenszeit gestohlen wird. Von der Ästhetik der Umgangsformen über die Wahl konventioneller Zeichen in den gesellschaftlichen Diskurs hinein zu kommen, um sich darin selbst zu erhalten, nennt man Bildung.

II.

Montaigne, 1533 als Spross einer reichen Kaufmannsfamilie mit gekauftem Adelstitel geboren, war schon 1557 Ratsherr seiner Heimatstadt Bordeaux und beeinflusst von seinem Freund Etienne de la Boétie, der eine Abhandlung über die »Freiwillige Knechtschaft des Menschen« verfasst hatte. Die Frage lag nahe, denn allzu viele Herren suchten im Wüten der Religionskriege zwischen katholischem und calvinistischem Ritus einen vernünftigen Lebensweg. Die eigenen Affekte zu kontrollieren, war deshalb notwendig. Montaigne hielt sich, wie die Humanisten der Renaissance allgemein, an Hinterlassenschaften der antiken Philosophie. Sie roch nach der Rhetorik des Aristoteles und der stoischen Philosophie. Als Bürgermeister von Bordeaux von beiden kriegführenden Höfen geehrt, betrachtete er deren Geschäfte wie ein Stoiker und das Herdenverhalten der Menschen mit Distanz – eher zur Geringschätzung als zur Anklage geneigt. Kein Aufschrei gegen die zeitgenössischen Morde; aber betonte Gleichgültigkeit gegen Namen überhaupt und die unglaubwürdige Behauptung, mit seiner Schreiberei gar nichts speichern zu wollen: »Wer etwas Rechtes an sich hat, der bezeuge es in seinen Sitten, in seinen alltäglichen Reden, in Liebe und Streitigkeiten, im Spiel, im Bett, bei Tische, in der Führung seiner Geschäfte und in seiner Haushaltung. Jene, die ich in schlechten Hosen gute Bücher schreiben sehe, hätten zuerst ihre Hosen geflickt, wenn sie auf mich gehört hätten. Fragt einen Spartaner, ob er lieber ein guter Redner wäre als ein guter Soldat: ich nichts einmal lieber als ein guter Koch, wenn ich nicht einen hätte, der meine Küche besorgt«.[2]

Dass in Sparta die Redner gering und die staatstragenden Militärs gesetzlich geschätzt waren, auf Schloss Montaigne aber gutes Essen dazugehörte, verweist auf den intellektuellen Usus, die herrschende Affiliation von Thron und Altar als Form zu betrachten. Der Renaissance waren die Bewusstseinsformen der antiken Sophisten, Rhetoriker und die Überlieferungen der unartigen Zyniker gegenwärtig. Während zwei Jahrzehnten, in denen Montaigne als beiläufige Mitteilungen seine Empfindungen niederschrieb, terrorisierte Gewalt von oben den Kontinent. Die Passionierten lernten, ihr öffentliches Auftreten parteiisch

---

2 Ebd., 598, an Frau von Duras. Über die Ähnlichkeit der Kinder mit ihren Vätern (Zweites Buch).

zu outrieren und sich in ihren Schlupfwinkeln eigene Meinungen zu bilden. Die Stoa hatte auch gelehrt, dass den Menschen ihre Meinungen über die Dinge wichtiger sind als die Dinge selber, dass sie sich leicht wandeln, dass Wut ein Ausbund von Schwäche ist und die Rolle des Lebens mit Anstand gespielt werden muss wie auf der Bühne. Montaigne bereitete Lesekundigen das Instrument essayistischer Kritik vor.
Die Spaltungen der katholischen und reformatorischen Rituale versetzen Berge des Glaubens in Saatfelder für Meinungen. Montaigne pflanzte keine Programme hinein, doch die Begegnungen seiner subjektiven Lebenszeit: Lebenskunde. Damit war er nicht allein. Das »Kriecherische« der alten Förmlichkeiten stellten Bühnendichter den Leuten vor Augen, Marlowe in London schon 1592 das Massaker der »Bartholomäusnacht« von 1572. In Shakespeares Königsdramen, im Naturrechtsdenken, in Journalen und den Lektionen englischer Empiristen kündigten sich neue Umgangsformen an. Blaise Pascal polemisierte noch ein Jahrhundert später gegen Montaigne aus höherer Warte: »Warum soll ich einem Mann, der in Brokat gekleidet sieben oder acht Lakaien hat, keine Achtung erweisen? Wozu? Er wird mich schlagen lassen, wenn ich ihn nicht grüße. Ein Kleid ist eine Macht ...« (Pensées, 315).[3]
Dabei ist es dann auch geblieben, als wiederum ein Jahrhundert später Gotthold Ephraim Lessing »Die Erziehung des Menschengeschlechts« (1780) im Aufstieg aus der Magie über die Religion in die Wissenschaft kündete. Er stellte gegen formale Regeln das »innere Gesetz«. Lessing war ein ganz anderer Revolutionär als Montaigne. In seinen Bühnenstücken setzt sich der Wille zur Sittlichkeit nicht in der Abstinenz durch, sondern im Konflikt mit der herrschenden Ordnung. Tragische Niederlagen zumeist und humanistische Überwindung in »Nathan der Weise«. Auf dessen Toleranzangebot hätten sich seine Landsleute freilich nicht erst nach einer Kette nationalistischer Kriege besinnen sollen, in denen sie in spartanische Rituale regredierten.[4]

III.

Riten unterwerfen subjektive Lebenszeit kollektiven Ordnungen. Hieraus ergibt sich die Macht kalendarischer Riten für Kult, Kultur, Ökonomie, Politik und deren lebendigen Alltag. Den Kitt gibt mehr die Lebensqualität, nicht so sehr Jahreszahl, Monat, Tag und Uhrzeit. Als

---

3 Blaise Pascal. Über die Religion und über einige andere Gegenstände. Pensées. Dritte, verbesserte und vermehrte Auflage. Übertragen und hg. von *Ewald Wasmuth*, Heidelberg 1946, 157f.
4 Vgl. *Arnold Toynbee*, Krieg und Kultur. Der Militarismus im Leben der Völker, Stuttgart 1950, 24ff.

die Französische Revolution König und Königin zwar förmlich, doch höchst unhöflich vom Thron gebracht hatte, kamen die Kniebundhosen, Culotten, der oberen Stände außer Mode. Die Sansculotten suchten ihre Souveränität durch einen fortschrittlichen Dezimalkalender zu sichern. Der Protest galt dem Kalender des Papstes Gregor, der seinerseits den julianischen des römischen Kaisers Augustus abgelöst hatte. Das Ancien Régime sollte nicht nur alt aussehen, es sollte verschwinden. Doch schon zum 1. Januar 1806 musste Kaiser Napoleon I. den neuen Kalender mit 12 gleichen Monaten und zehntägigen Wochen wieder absetzen. Die arbeitenden Massen wollten ihren alten biblischen Sonntag wieder haben, Fortschritt hin oder her. Sie schätzten es nicht, neun Tage statt nur sechs ununterbrochen zu werken.[5] Sie freuten sich schon die ganze Woche auf den siebten Tag im Garten Eden und was die Sonntagsruhe ihnen bringe. Aber das ist nicht mein Thema. Der entscheidende Eingriff der Revolutionen von 1800 ins Rituelle kam nicht von der Allianz der Politik mit der Astronomie, sondern von der politischen Ökonomie. Der Osterspaziergang in Goethes »Faust« machte die Auferstehung des Herrn zu einem Natur-Fest bürgerlicher Befreiung aus der Enge niedergedrückter Armseligkeit von Langbehosten.

IV.

Lessing hat unter seinen zahlreichen Sinngedichten auch eines auf einen »Unnützen Bedienten« hinterlassen: »Im Essen bist du schnell / im Gehen bist du faul / Iß mit den Füßen, Freund, / und nimm zum Gehen das Maul.« Der biologische Rhythmus, den Lessing bei seinem Diener »unnütz« fand, war schon bei Ägyptern, Mayas, Chinesen und Griechen Gegenstand kritischer Aufmerksamkeit und praktischer Manipulation: Unterschiedliche Körperkräfte und -geschwindigkeiten, Fruchtbarkeitsperioden, Schlafrhythmen, Charaktere, Temperamente, Gestik, Mimik und andere subjektive Eigenschaften entschieden über Qualifikation, und sie wurden oft genug mit dem Lauf der Gestirne korreliert.
Alle Kulturen haben unterschiedliche Kräftequellen zu ritualisierten Abläufen verbunden, beginnend mit der biologischen Arbeitsteilung der Geschlechter zur Fortpflanzung und zum Lustgewinn mit gewissen Förmlichkeiten der Werbung und/oder gewaltsam zwecks wiederholten Gebrauchs derselben Muskulaturen. Der tabuisierte Ritus der vorgegebenen Naturgrenzen von Innerem und Äußerem Einzelner durch Paarung zu überwinden, ist über Jahrtausende ein Thema geblieben

---

5 Vgl. *Rudolf Wendorf*, Zeit und Kultur. Geschichte des Zeitbewußtseins in Europa, Wiesbaden 1980, 334ff.

und kittet noch immer, wenn auch nicht ganz problemlos. Schon in 1. Mose 29 geht es um Heiratsschwindel und Lohnbetrug: Herr Laban schiebt dem Diener Jakob, einem armen Flüchtling und Neffen, statt der Tochter Rahel, um die er sieben Jahre brav gedient hatte, die Tochter Lea unter und nötigt ihn, nochmals sieben Jahre zu dienen. Das führt zu familiären Verwicklungen, die mit Gottes Hilfe zu Nachwuchs führen. Einfacher wird Jesus Sirach zu Lohngerechtigkeit zitiert: »Wer dem Arbeiter seinen Lohn vorenthält, der ist ein Bluthund« (34,37).

V.

Den Arbeitsritus des 19./20. Jahrhunderts revolutionierten erstens die Patentierung der Dampfmaschine für James Watt 1769 und die daraus beschleunigte Verkehrs- und Fabrikarbeit. Zweitens die Unabhängigkeitserklärung der britischen Kolonien in Nordamerika 1776 mit der Proklamation von Menschenrechten. Drittens das im selben Jahr Epoche machende Werk des schottischen Moraltheologen Adam Smith »Inquiry into the Nature und Causes of the Wealth of Nations«. Als Professor in Glasgow hatte er 1759 seine »Theory of Moral Sentiments« veröffentlicht, in der er die Sympathie zu einem natürlich menschlichen Motiv erklärte. In den weltbewegenden »Überlegungen zur Wohlfahrt der Staaten« spielte das Eigeninteresse die größte Rolle, befreit von den Einschränkungen, die der Sympathie durch die bisherigen Verhältnisse auferlegt waren. Smith griff auf die natürliche Gegebenheit der menschlichen Arbeitsteilung zurück und schrieb einleitend, marktkonforme Teilung der Arbeit zur Spezialisierung sei die wichtigste Voraussetzung der Produktivität, von der Warenpreis und Marktwert abhängen. Die Verschiedenheit menschlicher Begabung sei in Wirklichkeit viel geringer, als es scheint; und das verschiedene Genie, das Menschen in ihren Berufen zeigen, sei viel häufiger die Wirkung als die Ursache der Arbeitsteilung. »Von Natur aus ist ein Philosoph nicht halb so verschieden von einem Lastträger wie eine Bulldogge von einem Windhund oder ein Windhund von einem Spaniel oder ein Spaniel von einem Schäferhund. Diese verschiedenen Hunderassen sind einander kaum von Nutzen, obwohl sie alle zur gleichen Gattung gehören. Der Stärke der Bulldogge kommt weder die Schnelligkeit des Windhundes, noch der Spürsinn des Jagdhundes, noch die Gelehrigkeit des Schäferhundes zugute. Da ihnen die Fähigkeit oder Neigung zum Handeln und Tauschen fehlt, können Talente und Anlagen der verschiedenen Hunderassen sich weder gegenseitig ergänzen, noch im Geringsten das Leben der Gattung verbessern helfen. Im Gegensatz hierzu nützen unter Menschen die unterschiedlichsten Begabungen einander. Die weithin verbreitete Neigung zum Handeln und Tauschen

Tauschen erlaubt es ihnen, die Erträge jeglicher Begabung gleichsam zu einem gemeinsamen Fonds zu vereinen, von dem jeder nach seinem Bedarf das kaufen kann, was wiederum andere auf Grund ihres Talentes hergestellt haben.«[6]
Smith's Hundevergleich stellt den britischen Nationalhund, den Bullenbeißer, an die Spitze seines Vergleichs. Die Bulldogge wurde gezüchtet, um die stärksten Bullen zu packen. Es läge nahe, von ihr auf das Überleben des Stärksten in der Evolutionstheorie zu kommen, die der gelehrte Enkel von Smiths Zeitgenossen Erasmus Darwin, Charles Darwin, 1859 in einem genialen Buch entwickelte. Immerhin ist der Bulle ein Weltsymbol und sein Gehörn als Buchstabe Alef der Anfang des hebräischen Alphabets. Doch soll man das Symbolisieren nicht zu weit treiben. Es gibt sehr wohl Tierrassen, deren Einzelexemplare Erträge gleichsam zu »einem gemeinsamen Fonds« vereinen, und ob jedermann im Tausch nach seinem Bedarf kaufen kann, ist doch wohl eher ein Gedankenschnörkel vor der Grenze der Arbeitsteilung an der Größe des Marktes, denn Smith weist im selben Zusammenhang darauf hin, dass die natürlichen Unterschiede durch die Bildungsprozeduren verschwinden »bis schließlich der Philosoph in seiner Überheblichkeit kaum noch eine Ähnlichkeit mit dem Lastträger zugeben wird.« Er wird, wie in Goethes »Faust« einen Zeremonienmeister fragen, was das Ritual fordere.

VI.

Thomas Jefferson, der Verfasser der gleichzeitigen Proklamation von Menschenrechten, hielt zwar für selbstverständlich, dass alle Menschen von ihrem Schöpfer gleich geschaffen wurden und dass ihr Schöpfer ihnen gewisse unveräußerliche Rechte gegeben hat, darunter »Leben, Freiheit und das Trachten nach Glück«. Er suchte es auch bei einer schwarzen Sklavin; aber die Abschaffung der Sklaverei konnte er in der Verfassung nicht durchsetzen. Ungefähr 600 000 der drei Millionen Amerikaner sollen schwarzafrikanischer Herkunft gewesen sein. Ihre Käufer waren die großen Gutsbesitzer, zu denen Jefferson selber zählte, ihre frommen Befürworter die Quäker.[7] 1850 soll der Wert des in schwarze Arbeitskraft investierten Kapitals ca. 4 Milliarden Dollar betragen haben, als die Sklaverei in den europäischen Staaten zurückging.

---

6 *Adam Smith*, Der Wohlstand der Nationen. Eine Untersuchung seiner Natur und seiner Ursachen, aus dem Englischen übertragen und mit einer umfassenden Würdigung des Gesamtwerkes hg. v. *Horst Claus Recktenwald*, München [9]2001, 18.
7 Vgl. für das Folgende: *Willy Strezelewicz*, Der Kampf um die Menschenrechte. Von der amerikanischen Unabhängigkeitserklärung bis zur Gegenwart, Frankfurt a.M. 1968, 94ff.

Mit dem Fortschritt der industriellen Arbeitsteilung nach den Goldfunden in Kalifornien und Colorado trafen die ökonomischen Gegensätze hart aufeinander. Schutzzollforderungen für junge Industrien im Norden, Freihandel für Baumwollexporte im Süden machte das Menschenrechtspostulat zu einer ökonomischen Probe auf die Legitimation, Latifundisten mit aristokratischen Allüren im Süden, Maschinentakt im Norden.
Der Sezessionskrieg von 1861–1865 mit der Ermordung des Präsidenten Lincoln am Ende und dem Verbot der Sklaverei war nicht das letzte Beispiel kriegerischer Entscheidung für die rechtliche Staatsform bei feindlichen rituellen Inhalten. Charles Darwin hat 1859 in seiner biologischen Studie »Über den Ursprung der Arten durch natürliche Auslese oder die Erhaltung der begünstigten Rassen im Kampf ums Dasein« dem Argument naturwüchsiger Freiheit und Gleichheit im Kampf um die Menschenrechte das Fundament entzogen. Der Philosoph wäre – nach Darwin – zur Überheblichkeit verurteilt, um seine naturgegebene Stellung zu legitimieren, der Lastträger zur Unterordnung. Im arbeitsteiligen Gesellschaftskonzept der Kauf- und Verkaufsgesellschaft müssten laut Darwin die Bullenbeißer sich schon deshalb durchsetzen, weil sie die stärksten wären: Kritikverbot, Diffamierung der Intellektuellen und der Bohème von der Zensur über Verfolgung zum Mord. Keineswegs der lockere Umgangston widersprüchlicher Aufklärer, wie ihn Peter Gay beschrieben hat. Kants »Ausgang aus der selbstverschuldeten Unmündigkeit« mit Gebell gesperrt.
In USA reifte der Kapitalismus mit Protesten alten Reichtums gegen Neureiche und Einwanderer aus Ost- und Südeuropa, hauptsächlich Katholiken, Griechisch-Orthodoxe und Juden, denen man korrupte Verhältnisse anlastete, Gewerkschaften schlossen in den 1870er Jahren »Orientalen« aus, später »minderwertige« Chinesen und Japaner. Millionäre begannen, ihre Töchter mit europäischem Adel zu verheiraten, während der Markt mit Billigeboten dem gemeinen Volk die »Konsumgesellschaft« bescherte, die über den Kontinent hinaus expandierte[8], von der »alten Welt« nach Vorgaben des Kino-Rituals bewundert und nachgeahmt.

VII.

Die definitiven Gefahren der Arbeitsteilung zum Zweck der Bereicherung erkannten schon vor der Industrialisierung der USA die jungen Rheinländer Karl Marx, Journalist, und Friedrich Engels, Textilfabri-

---

8 *Peter Gay*, Enlightenment as a Communication Universe, in: *H. Lasswell / D. Lerner / H. Speyer*, Propaganda and Communication in World History Vol. II, Honolulu 1980, 85ff. *Merle Curti / Richard H. Shylock / Thomas A. Cochran / Fred H. Harrington*, Geschichte Amerikas, Bd. 2, Frankfurt a.M. 1950, 180ff.

kant, als sie den Übergang der Weberei von der Manufaktur in die maschinelle Produktion beobachteten. Sie nannten sie eine Ursache der Unfreiheit: »Sowie nämlich die Arbeit verteilt zu werden anfängt, hat jeder einen bestimmten ausschließlichen Kreis der Tätigkeit, der ihm aufgedrängt wird, aus dem er nicht herauskann; er ist ... und muss es bleiben, wenn er nicht die Mittel zum Leben verlieren will – während in der kommunistischen Gesellschaft, wo jeder nicht einen ausschließlichen Kreis hat, sondern sich in jedem beliebigen Zweige ausbilden kann, die Gesellschaft die allgemeine Produktion regelt und mir möglich macht, morgens zu jagen, nachmittags zu fischen, abends Viehzucht zu treiben, nach dem Essen zu kritisieren, wie ich gerade Lust habe, ohne je Jäger, Fischer, Hirt oder Kritiker zu werden. Dieses Sichfestsetzen der sozialen Tätigkeit, diese soziale Konsolidation unseres eigenen Produkts über uns zu einer sachlichen Gewalt über uns, die unserer Kontrolle entwächst, unsere Erwartungen durchkreuzt, unsere Berechnungen zunichte macht, ist eines der Hauptmomente in der bisherigen geschichtlichen Entwicklung usw. ...« Die Utopie setzte sich im Zuge der Arbeitsteilung zwischen Kopf- und Handarbeit als Arbeiterbewegung um, kehrte, wo sie staatliche Macht ergriff, als Bürokratie in die Widersprüche des gemeinschaftlichen und besonderen Interesses zurück, »die in jedem derartigen Menschenhaufen sich absondern und von denen eines alle anderen beherrscht.«[9] Aus »Prinzipalen« und »Chefs« machte eine strenge Parteien-Hierarchie durch Initiationsriten der »Arbeiterklasse« »Vorsitzende«, »Sekretäre« und »Generalsekretäre«.

Sie lebten gefährlich, doch änderte sich an den Riten der Verehrung wenig seit Montaignes Tagen: Es blieb untunlich, dass Laien »weiter als bis zum ersten Schlagbaum hineingucken. Wer die Ehrfurcht vor ihnen ungekränkt erhalten will, der muss sie unbesehen in Bausch und Bogen verehren ... man brauche nur einen zu hohen Würden erhobenen Mann anzusehen: hätten wir ihn auch drei Tage zuvor als armen Schlucker gekannt, so schleicht sich doch unvermerkt in unsere Meinung eine Vorstellung von Größe und Bedeutung ein und wir reden uns ein, dass er, indem er an Prunk und Ansehen zunahm, auch an Verdienst zugenommen habe. Wir beurteilen ihn nicht nach seinem Wert, sondern wie die Spielmarken im Glücksspiel nach dem Rang der Stelle, die er einnimmt ... Was ich selbst an den Königen bewundere, ist der helle Haufen ihrer Bewunderer. Alle Demut und Unterwürfigkeit gebührt ihnen, ausgenommen die des Verstandes. Nicht meine Vernunft ist geschaffen sich zu beugen und krumm zu machen, meine Knie sind es.«[10] Gröber gesagt von Goethe:

---

9 *Marx/Engels*, Werke Bd. 3. Deutsche Ideologie. Thesen über Feuerbach 1845/46, Berlin 1959, 33.
10 *Montaigne*, Von der Kunst des Gesprächs, 738.

»X. und kann ich wie ich bat
Mich unumschränkt in diesem Reiche schauen
So küss ich, bin ich gleich von Haus aus Demokrat,
Dir doch Tyrann voll Danckbarkeit die Klauen.
CEREMONIENMSTR. Die Klauen! Das ist für einmal
Du wirst dich weiter noch entschließen müßen.
X. Was fordert denn das Ritual.
CER.MSTR. Beliebt dem Herrn den hintern Theil zu küssen
X. Darüber bin ich unverlorn,
Ich küsse hinten oder vorn.
Scheint oben deine Nase doch
Durch alle Welten vorzudringen,
So seh ich unten hier ein Loch
Das Universum zu verschlingen
Was duftet aus dem kolossalen Mund!
So wohl kanns nicht im Paradiese riechen
Und dieser wohlgebaute Schlund
Erregt den Wunsch hinein zu kriechen.
Was soll ich mehr!
SATAN. Vasall, du bist erprobt
Hierdurch beleih ich dich mit Millionen Seelen.
Und wer des Teufels A ... so gut wie du gelobt
Dem soll es nie an Schmeichelphrasen fehlen. ...«[11]

VIII.

Mit der Industrialisierung des 19. Jahrhunderts und der Verrechnung individueller Arbeitsleistung mit der Entlöhnung nach Akkord suchte die biologische Statistik Nachweise für vorgegebene Leistungsformen. Die bisherige Verbindung biologischer Rhythmen Einzelner zur handwerklichen Muskelarbeit – bei Naturvölkern die rhythmische Gestaltung mit Arbeitsgesängen und dem Taktschlag der dörflichen Schmiede, der Bauern beim Dreschen, der Mägde bei der Wäscherei – gingen in den Maschinentakt über. Was der Ökonom und Soziologe Karl Bücher, Leipzig, zum ersten Mal 1896 an ethnographischem Material unter dem Titel »Arbeit und Rhythmus« vorlegte, traf mit den Untersuchungen des Berliner Arztes Wilhelm Fliess und des Wiener Psychologen Hermann Swoboda über die individuellen Leistungsrhythmen zusammen. Sie unterschieden körperliche, seelische und geistige Schwankungen. Die medizinisch-psychologischen Forschungen mündeten in ein neues Fach, Chronobiologie, die soziologisch-ökonomischen in die Arbeitswissenschaft.

11 Goethes Faust. Paralipomena 45, Leipzig o.J. im Insel-Verlag, 501f.

Beide Disziplinen thematisieren die Umsetzung biologischer Rhythmen in soziale Produktivität durch sparsamen Energieaufwand, der sich durch geregelte Manipulationen ergibt: »Die Ruhepunkte und Erholungsmomente zwischen den einzelnen Bewegungen werden mit der Kraftausgabe und ihrer Zeitdauer ebenso bestimmt, wie es die Bewegungen sind ... Die Messung wird hierbei erheblich dadurch erleichtert, dass jede Arbeitsbewegung sich aus mindestens zwei Elementen zusammensetzt, einem stärkeren und einem schwächeren, Hebung und Senkung, Stoß und Zug, Einziehung u.s.w. Sie erscheint dadurch in sich gegliedert, und dies hat zur Folge, dass die regelmäßige Wiederkehr gleich starker und in den gleichen Zeitgrenzen verlaufenden Bewegungen uns immer als Rhythmus entgegentreten muss.«[12]
Die Rhythmisierung folgt mit der Mechanisierung der Abläufe dem militärischen Ritus und hat, wie diese, zur Folge, dass die geistige Anspannung im Marschtritt der Kolonne aufgeht und der einzelne Muschkot automatisiert wird, in der Regel durch Marschgesang erleichtert und willfährig gemacht. Mit der Militarisierung durch Nationalstaaten wirken seit dem 19. Jahrhundert industrielle und militärische Automatisierung zusammen. In Deutschland hat die aus dem antinapoleonischen Krieg geborene Turnerbewegung mit Kniebeugen exerziert und dem militärisch-industriellen Komplex trainiertes Personal massenhaft geliefert. Ähnliche Leibesübungen gewannen in anderen Staaten große Bedeutung. Die Diktaturen des 20. Jahrhunderts konnten als hochspezialisierte Arbeitsteilung volkstümlicher Ritualismen verstanden werden.

IX.

In der elektrifizierten Gesellschaft beschleunigten sich Tausch und Austausch automatisch, sodass unter Zeitdruck über Werteverlust zu klagen ist.[13] Tatsächlich hat die elektronische Arbeitsteilung ermöglicht, mittels zahlloser Riten der Unterhaltungsindustrie den Verkäufern von Arbeitskraft ihre Erlöse aus der Tasche zu ziehen, um sie dem Monopol der Käufer wieder zuzuführen. Sie beuten die Utopie selbstbestimmter Beliebigkeit der Kommunisten aus und führen die klingende Münze unbekannten Konzernherren zu, hinter deren Schlagbäumen der Laie nicht blicken kann. Mit der Bevölkerungszahl wachsen das auszubeutende Personal und dessen rituelle Abhängigkeiten. Sie gelten als neue oder Neubelebung alter Werte, sonst würden sie in einer marktorientierten Gesellschaft nicht angenommen werden, die darauf aus ist, immer neue Bedürfnisse für den Konsum zu schaffen.

12 *Karl Bücher*, Arbeit und Rhythmus, Leipzig ⁴1909, 23.
13 *Dieter Korczak* (Hg.), Das schöne, neue Leben. Schriftenreihe »Praktische Psychologie« Bd. XXIV, Hagen 2001.

Die dringendste Aufgabe, die durch die Prädisposition der Arbeitsteilung und Automatisierung nutzlos gewordenen Dienstleister menschenwürdig zu beschäftigen, übernimmt der Markt nicht. Ihre Millionen bleiben der Politik und den Religionen überlassen. Indessen ist es angesichts des globalen Kolonialwarenladens, den sich die Europäer in Jahrhunderten erobert, erhandelt und erschwindelt haben, so gut wie aussichtslos, wissen zu wollen, welchem Ritus die ehrenwerte Gesellschaft anhängt, der man begegnet.

Das Interesse am biologisch-psychologischen Ursprung der Arbeitsteilung scheint ungebrochen: Der elementare Ritus von Hebung und Senkung, Stoss und Zug stößt nicht an Grenzen der Vermarktung. Rasende Bevölkerungszunahme beweist Produktivität, die Unterhaltungsindustrie erzielt Profit aus Darstellungen, die Vorstellung in Bedürfnisse realisieren. Ein Spezialbericht des Präsidenten der »American Anti-Slavery Group« in Boston (Mass.), Charles A. Jacobs, prognostiziert dem Sklavenhandel im 21. Jahrhundert gute Marktchancen bei jährlich ca. 700 000 verkaufter Frauen und Kinder, Tendenz steigend.[14]

---

14 *Charles A. Jacobs*, Slavery in the 21st Century. III. Special Report. 2001 Britannica Book of the Year, Chicago/London u.a. 2001, 310f.

ECKART GOTTWALD

Ritus und Religion in der Werbung
Zur Transformation von Religion in der Lebenswelt

1 Einleitung: Hören – Sehen – Wahrnehmen religiöser Elemente in der Alltagskommunikation

Das Hören genießt in der christlichen Theologie den Vorzug vor den anderen Sinnen des Menschen. Denn »aus dem Hören« des biblischen Zeugnisses entsteht der christliche Glaube (Röm 10,17). Doch auch vom Sehen führt ein Weg zum Glauben, wenn auch nicht direkt zum christlichen. Denn auch die visuelle ästhetische Erfahrung bildet eine wichtige Grundlage, von der aus Menschen zu einem religiösen Verstehen der Wirklichkeit finden und damit zu eher vernunftbegründeten Formen des Glaubens gelangen.
Mit dem Wechsel vom Hören zum Sehen vollziehen wir allerdings einen Perspektivwechsel im Blick auf das, was wir Religion nennen. Nicht die gedanklichen Vorstellungen und Inhalte des Glaubens stehen nun im Vordergrund unseres Fragens, sondern die sichtbaren Ausdrucksformen religiös geprägten Verhaltens und Empfindens, Denkens und Glaubens in unserer Kultur geraten jetzt schärfer in unseren Blick. Das ist uns von der christlich-kirchlichen Tradition her weniger vertraut. Sie stellt uns Gott als ein unanschauliches, geistiges, jenseitiges Wesen vor, das sich den Menschen gegenüber vornehmlich in seinem gesprochenen Wort zu erkennen gibt. In sichtbaren Zeichen dagegen kann er nur mittelbar erkannt werden. Die visuellen Formen menschlicher Frömmigkeitspraxis erscheinen deshalb in der biblischen Tradition nur von sekundärer Bedeutung und Aussagekraft. Doch sagen die visuellen Formen säkularer Alltagskommunikation heute nicht weniger über die religiösen Verhältnisse der Menschen aus, als es die religiösen Zeugnisse früherer, vermeintlich weniger weltlich empfindender und denkender Menschen und Zeiten tun. Der Blick auf die sichtbaren Formen religiöser Praxis heute macht allerdings einen *Prozess der Transformation der Religion* in ihrer historischen Entwicklung und im geschichtlichen Wandel unserer Kultur deutlich. Sie zeigt, dass lebendige Religion und gelebte Religiosität schon immer an wechselnde, sich verändernde kulturelle Ausdrucksformen gebunden waren. Religion war zu allen Zeiten der Geschichte nur in den zeitgebundenen, kulturellen Lebensformen, Ausdrucks-, Symbol- und Sprachformen

der Gemeinschaften sichtbar, die sich in einer Religion zum gemeinsamen Kultus und gemeinschaftlichen Leben verbanden. Genauso können wir in der Gegenwart Religion nur unter den Bedingungen und in den Ausdrucksformen »weltlicher«, säkularer Alltagskultur konkret identifizieren und gestalten. Jenseits bzw. außerhalb dieser lebensweltlich-kulturell bestimmten Konkretheit ist religiöse Praxis und Rede so unmöglich wie das Nachdenken über sie.

Die folgenden Beispiele religiös sich artikulierender Werbung können als Ausdruck dieses kulturell bedingten Wandels religiöser Vorstellungen und Denkweisen begriffen werden. Sie zeigen, wie manche Menschen heute traditionell religiöse Symbole und Metaphern nutzen, um Aussagen über angeblich sinnvolles und wertorientiertes Verhalten im Alltag zu formulieren und damit ihre Zeitgenossen anzusprechen und zu beeinflussen. In den hier ausgewählten Werbe-Kommunikaten werden Elemente überlieferter Religiosität zitiert und für aktuelle Zwecke der Konsum-Werbung und des Marketing instrumentalisiert. Diese *Verknüpfung religiöser Vorstellungen mit handfesten ökonomisch-praktischen Interessen* löst nun, gehen wir versuchsweise auf sie ein, neue Formen religiös sich artikulierender und also religiös gebundener Rede aus und regt zur Auseinandersetzung über die Bedeutung, die Sinnhaftigkeit und den Wert elementarer Vorgänge des täglichen Lebens an, auch wenn sich dabei gegebenenfalls nur ihre Unsinnigkeit konstatieren lässt. Insofern wirkt der eigensinnige Umgang der Werbe-Designer mit traditioneller religiöser Symbolik und Sprache innovativ, *er provoziert und produziert neue Formen religiöser Kommunikation.*

Die Analyse der hier präsentierten Beispiele führt dabei immer wieder zu einem bestimmten, impliziten Argumentationsmuster. Eine zweckrational begründete Information – »Wir bieten dieses oder jenes Produkt zum Kauf an« – dient als Aufforderung zu einem instrumentell ausgerichteten Verhalten, eben der Akzeptanz und dem Kauf des beworbenen Produktes. Diese vernünftige Mitteilung wird mit einer religiösen Symbolik verknüpft, die für sich genommen den rationalen Gehalt der Information bei weitem übersteigt und ihn so um eine zusätzliche Sinn-Dimension erweitert oder ergänzt. Die Verknüpfung bewirkt nun zweierlei: Sie stimuliert die Empfänger, die Leser oder Betrachter solcher Werbe-Kommunikate zu erhöhter Aufmerksamkeit, sie reizt sie durch Überraschung, Irritation, Neugier, Verärgerung oder Protest zur Stellungnahme, und sie behauptet zugleich einen »*Mehrwert« an Sinn oder Bedeutung* des instrumentellen Zweckes, für den geworben wird. Diese Behauptung eines Mehrwertes an Sinn kann nun akzeptiert oder bestritten werden, sie erfordert in jedem Fall ein Urteil von den Betrachterinnen und Betrachtern. Sie muss also geprüft und abgewogen werden und verstärkt insofern die Wirkung des Kommunikates bei seinen Adressaten. Dabei dürfen wir unterstellen, dass diese weitergehende Wirkung sich nicht allein an der Oberfläche unseres Wahrnehmens und Angesprochenwerdens abspielt, sondern auch tiefere Schichten unseres Empfindens berührt. Denn innere Motive wie äußere Handlungsimpulse bestimmen unser alltägliches Verhalten, und bewusst wie unbewusst sind wir bemüht, unserem Erleben einen Sinn abzugewinnen oder ihm einen solchen deutend zuzuschreiben. Nur so können wir auch unser Handeln an sinnhaft begründeten Werten und Normen orientieren. Das aber heißt: Wertauffassungen und Weltanschauungen, *Ethos und Religion* im weitesten Sinne bestimmen auch unser ganz selbstverständlich erscheinendes Tun und Lassen in Alltag und Lebenswelt. Praktisch nehmen wir uns und unsere Wirklichkeit sowie das tägliche Geschehen als vorgegeben wahr und behandeln es als ein weitgehend geordnetes, sinnvolles Ganzes. Zugleich aber fühlen wir uns der Wirklichkeit und den Ereignissen teils ausgesetzt, ja ausgeliefert, teils aber sehen wir uns auch in der Lage, sie durch unser Verhalten und Urteilen, durch unser Wollen und Handeln zu beeinflussen und mitzugestalten. Im Alltag funktioniert dies ganz selbstverständlich, und wir tun routiniert und ritualisiert, was alle tun und was alle selbstverständlich und richtig finden. Doch in Grenzsituationen und Lebenskrisen zerbrechen diese Selbstverständlichkeiten, und unter der Oberfläche alltäglicher Gewohnheiten wird die Ungewissheit über uns und unser Dasein sichtbar. Dann fragen wir neu nach dem, was uns trägt und was wirklich, was sinnvoll und was richtig ist. In solchen Augenblicken suchen wir erneut die Verständigung über das Wesen der Welt, über den Sinn unseres Daseins und über die Begründung von Werten im öffentlichen und privaten Leben. Wir sehen und hören mit neuer Aufmerksamkeit, was die öffentliche Kommunikation an sinnigen und unsinnigen Botschaften für uns bereithält, und mischen uns still oder weniger still in den Diskurs über Weltbilder und Werte ein.

2 Der Buddha und die Schöne – Zeitgeistliche Orientierungen in der Werbekommunikation

2.1 Der Erhabene als Immobilien-Werber

Wer im Sommer 1999 Berlin besuchte und vom Bahnhof Zoo Richtung Kurfürstendamm blickte, konnte dieses Bild sehen: Ein goldener Buddha auf himmelblauem Grund hängt mehrere Stockwerke groß hoch oben am Rohbau eines Hochhauses in der Joachimsthaler Straße. Er wirbt – halbwegs zwischen Himmel und Erde – für die Vermietung von Büroflächen. Die goldene Statue füllt zwei Drittel des Bildes, der Erhabene thront in lehrender Haltung über den Passanten und schaut auf die Betrachterinnen und Betrachter herab. Die linke Hälfte des Bildes wird von dem Schriftzug: »Große Gedanken brauchen Raum« gefüllt.

Darunter finden sich Name und Telefonnummer eines bekannten Versicherungs- und Immobilien-Konzerns.
Um dieses und die anderen visuellen Kommunikate zu lesen, stellen wir uns drei Fragen. Sie führen uns zu einer semiotisch orientierten, strukturalen Medien- bzw. Textanalyse:
(1) *Semantisch* fragen wir: Was enthält das Bild an zeichenhaften Elementen? Das Bild des Buddhas ist auch in unserem Kulturkreis vielen Menschen vertraut. Die übermenschliche Größe der Figur am Hochhaus entspricht Bildern von überdimensional großen Buddha-Figuren an den heiligen Stätten dieser Religion in Asien und – weniger monumental – auch in Europa. Der Slogan von den »großen Gedanken« stammt wohl nicht aus der buddhistischen Lehre, sondern ist eher ein Einfall der Werbe-Designer. Er lässt jedoch das raum- und zeitumgreifende Denkgebäude der buddhistischen Vorstellungswelt assoziieren. In ihr erscheinen Zeit und Raum ohne denkbare Grenzen, die Wirklichkeit bildet eine anfangs- und endlose Reihe von Weltsystemen, die immer neu entstehen, vergehen und wiedererstehen. Der Mensch durchwandert sie auf vielfachen Pfaden und in einer unbestimmbaren Reihe von Wiedergeburten, bis es ihm gelingt, alles Leiden und alle Lebensgier zu überwinden und durch vollkommene Erkenntnis die Erlösung zu erlangen. Erlösung wird gedacht als Erreichen des Nirwana, das sinngemäß in der Erkenntnis besteht, dass »kein Selbst und keine Seele« existiert und damit alle Verwicklungen und Beziehungen individueller Existenz »absolut aufhören« (Bowker 1999, 726f).
(2) *Syntaktisch* fragen wir nach dem Aufbau des Kommunikats bzw. nach seiner syntaktischen bzw. grammatischen Ordnung: Die aktuelle Botschaft dieses monumentalen Werbe-Posters ist einigermaßen deutlich zu entschlüsseln: »Große Gedanken« und »Raum« verknüpfen die Gedanken des Erleuchteten mit den alltäglichen, lebensweltlichen Erfahrungen, Befindlichkeiten, Wünschen und Absichten der Passanten: Leben im Ballungsraum Stadt braucht konkrete Räume zum Wohnen, zum Arbeiten, zur Geselligkeit wie zur persönlichen Lebensgestaltung: Neubauten, Büro- oder Praxisräume gehören selbstverständlich zum konkreten Lebensraum der Menschen auf den Straßen Berlins und anderswo, auch wenn nicht jeder ein eigenes Büro benötigt. Und natürlich – möchte man weiter denken – bedeutet jeder neue Raum, den wir

beziehen, auch einen Neuanfang im beruflichen oder privaten Leben, ein Fortschreiten, das Erfolg und Befriedigung verbessern und sichern soll. Der Buddha als Symbol von Weisheit, Rechtschaffenheit und Endgültig-ans-Ziel-kommen-können soll metaphorisch offenbar auch auf dem Immobilienmarkt einen Weg weisen, den zu gehen es lohnt und der sich als zutiefst sinnvoll erweisen wird.

(3) *Pragmatisch* suchen wir die Zusammenhänge, in die uns das Kommunikat einbezieht bzw. die sich für uns neu ergeben: Der für Immobilien werbende Buddha setzt einen unmissverständlichen Handlungsimpuls. Zwar richtet sich die Aufforderung dem Kontext nach (Büroflächen!) an ein spezielles, geschäftlich orientiertes Publikum, aber die Botschaft »Große Gedanken brauchen Raum« macht auch davon losgelöst Sinn. Sie offenbart sogar eine mehrfache Bedeutung, einerseits weil die Person, die Lehre und die Wirkungsgeschichte des Erleuchteten nach modernen Maßstäben eine absolute Erfolgsstory darstellen, andererseits weil die Nutzung ausgedehnter Büroflächen großen Geistern den notwendigen Raum zur Entfaltung bietet. Wir sollten uns also wenn möglich von dieser Bewegung mitnehmen lassen! Handlungsimpuls und sinngebende Metapher sind eng ineinander verwoben, und dieses wort- und bildsprachliche »Gewebe« eines Werbetextes will uns suggerieren: Gehst Du auf diese Offerte ein, dann »macht« das auf jeden Fall Sinn, Sinn, der die rein instrumentellen Zwecke der Büronutzung weit überschreitet und etwas sie transzendierendes Größeres bewirkt: Denn dieser Schritt bringt dich voran auf deinem Weg der Selbstverwirklichung, befördert dich näher zu deinem Ziel, macht dich mehr zu dir selbst! Er trägt bei zur Erfüllung deiner Existenz!

Im Falle des immobilienwerbenden Buddhas wird dieser Mehrwert an Bedeutung und Sinn durch den direkten Verweis auf die große religiöse Tradition behauptet. Zugleich werden die Betrachter/innen aufgefordert und motiviert, in Analogie zum Erleuchteten den Satz »Große Gedanken brauchen Raum« für sich selbst zu konkretisieren, denn auch sie können und sollten sich als selbstbewusste, clevere Zeitgenossen die wünschenswerten Arbeits-, Spiel- und Entfaltungsräume in ihrer Stadt schaffen, Räume, in denen sie und von denen ausgehend sie ihre Ideen und Wünsche verwirklichen können – gleichermaßen sinnvoll und erfolgversprechend wie die zeitlosen Einsichten des Erleuchteten das Leben vieler Menschen und die Welt verändert haben.

2.2 Ikonen der Schönheit

Doch nicht nur traditionell religiöse Chiffren werden von der profanen Werbung für ihre Zwecke instrumentalisiert, sondern Werbekommunikate auch an religiös definierten Orten platziert. Fast zur gleichen Zeit und fast am gleichen Ort konnten die Passant/innen in der Nähe des

Bahnhofs Zoo diese Zeitgeist-Ikonen betrachten, ja sie mussten sie betrachten, weil sie unübersehbar platziert wurden. Sie bekleideten – buchstäblich turmhoch – den Glockenturm der neuen Kaiser-Wilhelm-Gedächtnis-Kirche am Breitscheidplatz – gewissermaßen »Auge in Auge« dem goldenen Buddha gegenüber. Zusammen mit der Ruine des Turmes der alten Kaiser-Wilhelm-Gedächtnis-Kirche bildeten sie ein eindrucksvolles Ensemble. Wir fragen wieder (1) semantisch, (2) syntaktisch und (3) pragmatisch nach der Gestaltung und Botschaft dieses Ensembles.

(1) *Die Zeichenebene:* »Weil ich es mir wert bin« – bekennen Claudia Schiffer und Andy McDowell (sowie auf der Rückseite zwei weitere Top-Models der internationalen Mode- und Schönheits-Industrie) mittels ihrer turmhohen Porträts unter dem Logo des Kosmetik-Multis L'OREAL Paris. Das soll wohl heißen: »Weil ich es mir wert bin, gönne – oder leiste! – ich mir diese Schönheitspflege in Top-Qualität – mit Erfolg, wie ihr hier seht! Und aus anderen Medien wisst ihr: Ich sehe nicht nur gut aus, bin begehrt und berühmt, sondern kann mir auch jeden – zumindest jeden materiellen – Wunsch erfüllen, denn – so gerade Claudia Schiffer – ich bin mit DM 24 Mill. Einkommen 1999 auch noch die bestverdienende Frau Europas!« (vgl. WAZ vom 16.10.00). Schön, berühmt und erfolgreich – wir kennen die Facetten dieses Leitbildes und dieser Lebensauffassung, denn sie werden uns in vielen Formen der Alltagskommunikation ständig und unausweichlich gepredigt, und manchmal berühren sie uns hautnah mit ihrer verführerischen Potenz!

(2) *Der Bildaufbau:* Doch die Inszenierung an der Kaiser-Wilhelm-Gedächtniskirche lässt auch tiefer blicken: Die Bindung der personifizierten Wunsch- und Leitbilder in bislang einzigartiger Größe an den Turm der weltbekannten Kirche und das optisch-sinnliche Arrangement zusammen mit dem Denkmal der Turmruine des wilhelminischen Prunkbaus produzieren eine Fülle von Konnotationen. Das Werbe-Kommunikat verdeckt faktisch die moderne, von der heutigen Gemeinde zum Gottesdienst genutzte Kirche. Sichtbar bleibt die Ruine

des alten Kirchturms als Symbol des christlich-protestantisch verbrämten Kults um preußische Tugenden, als historisches Zeugnis der Ideologie vom Gottesgnadentum der preußischen Herrscher und letztendlich als Mahnmal gegen Faschismus, Krieg und Gewalt in Verbindung mit dem Nationalsozialismus und dem Zweiten Weltkrieg.
Dagegen steht nun imposant wie das Mahnmal selbst das Werbekommunikat. Es tritt modern und selbstbewusst in Gegensatz zur historisch-anachronistisch erscheinenden, religiös-politischen Ideologie und der für solche Ideologien anfälligen christlichen Kirchen. Diese erscheinen hier nur noch als museales Relikt und Denkmal ohne lebendige Gegenwart. »Weil ich es mir wert bin« heißt die neue, öffentliche, uns alle bewegende Botschaft heute, und dieses individualistische, lust- und zugleich wertorientierte Programm zeitgemäßer Lebensart erhebt sich über den Trümmern der Vergangenheit und drängt zur persönlichen Einlösung. Die Idole der Schönheits-Industrie werden so zu Ikonen des Zeitgeistes: Faszinierend als Leitbilder werden sie zu Metaphern für den Geist ungetrübten Jungseins, makelloser Schönheit, ungehemmter Selbstverwirklichung und unbedingter öffentlicher Anerkennung.
(3) *Pragmatisch* lesen wir natürlich auch die Intention dieses großformatig und öffentlich inszenierten Bekenntnisses der Stars von Mode-Events und Schönheitskult heraus: Gehe hin und tue desgleichen! Fühle und denke, kaufe und nutze wie wir – und erobere dir deinen Platz, deine Position, dein Ansehen, wie es dir möglich ist und dir gebührt! Du bist es wert!
Tun was wert ist, realisiert zu werden, weil es aus sich heraus sinnvoll erscheint oder weil es durch einen unausgesprochenen Konsens unter uns als sinnvoll gilt. Der Werbeimpuls, der Kaufreiz, das Identifikationsangebot sprechen uns an, wir sind empfänglich für ihre Verheißung. Sie lösen natürlich auch, so einseitig reagieren wir keinesfalls, unsere Nachdenklichkeit und Kritik aus und lassen uns fragen, ob es denn wirklich so sinnvoll und schmeichelhaft sei, den Appell wörtlich zu nehmen und ihn zu befolgen. Wo kämen wir denn bei all der Werbeflut damit hin?
Diese Mittler visueller Kommunikation als Zeitgeist-Ikonen zu begreifen, heißt, sie als Texte zu lesen, in denen sich die hintergründigen Auffassungen von Sinn, Bedeutung und Wert unseres Lebens spiegeln, die unseren Alltag bestimmen, ohne uns ständig bewusst zu sein und ohne aktuell begründet zu werden. Über sie geben wir uns in der Regel keine Rechenschaft, obwohl wir praktisch nach ihnen leben. Sie sind Teil der alltagskulturellen Symbolik, mit der wir die Ordnungen unseres Zusammenlebens als sinnvoll gegeben voraussetzen, während wir den fundamentalen Diskurs über unsere Identität, über Wirklichkeit und Sinn auf besondere, vom Alltag abgehobene Augenblicke verschieben. Diesem Diskurs stellen wir uns nur, wenn uns die Muster

alltäglichen Empfindens und Verhaltens in Krisen- und Grenzsituationen zeitweilig zerbrechen und wir notgedrungen unsere Konstruktionen von Normalität, Wirklichkeit und Sinn stabilisieren oder neu begründen müssen.

Ikonen gelten als durchlässige Fenster zwischen Diesseits und Jenseits, sie ermöglichen den Blick hinein – oder hinaus – in die Welt des Heiligen, des Spirituellen jenseits unserer Anschauung und Erfahrung. Auch Werbe-Ikonen sind durchlässig für den Blick nach innen auf das, was uns im Innersten bewegt, und für den Blick nach draußen, hinter die Oberfläche der alltäglichen Fakten und Ordnungen. Dabei erkennen wir manches wieder als vielschichtig und mehrdeutig, was so klar und einfach zu sein scheint. Dazu einige Beispiele.

3 Von sakramentaler Lust und neuem Menschsein

3.1 WEST – TEST IT: Hinter dem Alltag ein unergründliches Geheimnis? Sakramentale Fundierung alltäglicher Rituale

Das Straßen-Plakat zeigt einen Priester oder Pfarrer im schwarzen Ornat sowie eine junge Frau in einem Beichtstuhl, wie er aus römisch-katholischen Kirchen bekannt ist. Vorhänge und Türen des Beichtstuhls sind geöffnet, als wäre die sakramentale Handlung gerade beendet. Die beiden Personen rauchen sichtlich mit Genuss je eine Zigarette und scheinen sich dabei gut gelaunt zu unterhalten. Die attraktive junge Frau sitzt entspannt auf ihrem Platz, streckt aber lässig ihre übereinander geschlagenen Beine aus dem Gehäuse, als säße sie im Kaffeehaus. Die gegenüberliegende Kammer des Beichtstuhls wird weitgehend von der Abbildung einer Packung Zigaretten eingenommen. Sie ist ebenso leuchtend rot wie das enge und hoch geschlitzte Kleid der Frau.

Über der Szene ist ein bunt verglastes Kirchenfenster angedeutet.

Was hat die Beichte mit dem Rauchen zu tun? Nichts, heißt unsere erste Antwort. Deshalb haben auch einige Kirchenvertreter öffentlich gegen

dieses Plakat protestiert. Doch wollen wir die Werbe-Strategen verstehen, müssen wir nach ihren Argumenten fragen: Was gewinnt die Zigarettenwerbung durch die Hinzufügung der religiösen Szene? Denn irgendetwas muss die Designer veranlasst haben, von dieser Verknüpfung einen besseren Werbe-Erfolg zu erwarten. Warum also kann es in ihrem Sinne plausibel erscheinen, die entspannende, genussvolle und gemeinsame Zigarette ausgerechnet am Ort der Beichte zu inszenieren, im Kontext eines geprägten religiösen Rituals mit sakramentaler Bedeutung? Warum also der Versuch, der Lust an der Zigarette eine sakramentale Weihe zu verleihen? Denn auch hier wird wieder eine triviale, alltägliche Handlung in einen religiösen Bedeutungszusammenhang projiziert, der ihr mehr Sinn und Wert zu verleihen scheint, als es vernünftigerweise berechtigt sein kann. Eine Analogie zwischen beiden Ebenen wird erkennbar in der Form des Rituals: Rauchen als eine ständig wiederholte, ritualisierte Form der Entspannung, des Innehaltens, der Befriedigung der eigenen, sehr persönlichen sinnlichen Bedürfnisse bildet eine Handlung, in der ich etwas ganz speziell für mein eigenes Wohlergehen tue; ich tue etwas mir sinnvoll Erscheinendes allein für mich selbst! Wenn ich die Zigarette aber, wie auf dem Plakat in Szene gesetzt, gemeinsam mit einer anderen, gleichgesinnten Person genieße, erhält diese Handlung über die eigene Psychohygiene hinaus noch eine soziale Dimension: Ich rauche in Gemeinschaft und Solidarität mit anderen, die ich und die mich in diesem Tun bestätigen. So betrachtet werden durchaus Parallelen zum religiösen Ritual und seiner sakramentalen Bedeutung sichtbar: Die rituelle Handlung tut nicht nur mir gut und verbindet mich in einer solidarischen und hier durchaus auch erotisch gezeichneten Beziehung mit anderen Menschen; sie wird zugleich fraglich auf dem Hintergrund der Unbestimmtheit und des Unerklärlichen, was eigentlich das Menschsein des Menschen begründet und seine Beziehungen zu sich selbst und zu anderen ausmacht. Sie wird eben – im Bild unmissverständlich – zur religiösen Dimension unserer Existenz in Beziehung gesetzt. So steht denn in der Mitte des Bildes zwischen den beiden fröhlichen und einander verbundenen Menschen das Dunkel des Beichtstuhls und das Geheimnisvolle des Sakraments: die Trennwand zwischen Priester und Laien, die Grenze zwischen dem der Gnade bedürftigen und dem zum Gnadenerweis bevollmächtigten Menschen. So wird der Genuss der Zigarette zur religiösen Metapher, zum Bild für zufriedenstellenden Lebensgenuss und für einen Aspekt des Heilseins, auch wenn diese Metaphorik die psychosozialen und gesundheitlichen Probleme des Rauchens nicht wirklich überspielen kann. Dennoch vermag sie weitergehende Fragen nach dem eigentlichen Heil des Menschen auszulösen.
Rituale des alltäglichen Verhaltens bilden ebenso wie religiöse Riten nach kultur- und sozialwissenschaftlichem Verständnis kulturell geprägte Ausdrucksmuster, die schwierige *Affektlagen* (Freude, Trauer,

Leid) *erleichtern*, soziale Interaktionen steuern und damit soziale Ordnungen ermöglichen und stabilisieren. In ihnen drücken sich Sinnvorstellungen und Orientierungsmuster aus, die es uns erlauben, sinnvoll erscheinende Antworten auf lebenspraktische wie grundsätzliche Fragen menschlichen Daseins zu geben. Ein Ritual besteht in der »*Verknüpfung von Symbolen und symbolischen Gesten in gleichbleibenden und vorstrukturierten Handlungsketten*«; der »Formalismus des rituellen Handelns« kann verstanden werden als der »syntaktische Rahmen einer in Handlungen gekleideten symbolischen Aussage« (Soeffner 1989, 178). »TEST IT« könnte so nicht nur als eine Verführung zum Rauchen, sondern auch als Aufforderung gelesen werden, die Fragen nach Sinn und Wert unseres Daseins und unseres Handelns angesichts unserer alltäglichen Bedürfnisse und Verhaltensmuster neu zu stellen und den Diskurs über mögliche sinnvolle Deutungen weiterzuführen.

3.2 *MTV – You better believe: Macht Popkultur Sinn?* Sinndeutung und Mythenproduktion durch die Unterhaltungsindustrie

Die ganzseitige Illustrierten-Anzeige – hier aus dem Magazin Bike von Mai/Juni 2001 – zeigt sehr nah und groß die ineinander verschlungenen Hände eines alten Menschen. Er trägt ein weiß-blaues Gewand, das mit der Ordenstracht der Mutter Theresa identisch zu sein scheint. Die Hände halten ein abgegriffenes graues Buch mit schwarzem Lederrücken. Dieses trägt auf dem Einband das Logo »MTV Music Television«. Daneben – teils vor das Buch, teils vor das kuttenähnliche Gewand gesetzt – liest man die Worte »you better believe«. Handhaltung und Buch lassen die Haltung eines betenden Christen assoziieren. An den unteren Rändern finden sich die Internet-Adressen des Senders und eines Fotografen. Während die ganze Anzeige in Bild und Wort fromme Andacht und Gläubigkeit ausdrückt, irritiert das als Buchtitel zentral eingefügte Logo des populären Musiksenders in unmittelbarer optischer Verbindung mit dem klein daneben gesetzten Satz

vom Glauben. Die Anordnung verknüpft also Assoziationen zu Frömmigkeit, Nächstenliebe und Lebenshilfe mit der Dauerpräsenz der endlosen Klang-, Talk- und Bildteppiche des Programms des Musikfernsehens. Soll deren Dauerrezeption in Analogie zu christlich-meditativer wie diakonisch-praktischer Frömmigkeit als lebensdienliche, sinnstiftende Grundhaltung verkauft werden? Sollen die trivialen Klischees von Liebe und Lust, von Trennung, Schmerz und ungebrochenen Sehnsüchten die Selbstfindung und Identitätsbildung Jugendlicher fördern? Sollen die artifiziellen Klangströme deren emotionale Entwicklung voranbringen? Kann die Hingabe junger Menschen an Popkultur und kommerzielle Unterhaltung ernsthaft als Alternative oder als (post-)moderne Weiterführung einer religiös begründeten Lebens- und Wirklichkeitsauffassung gelten? Glaube tut Not – so könnte man den Spruch frei deuten, und das ist nicht nur in traditioneller Sicht zu bejahen. Aber welcher Art muss solcher Glaube heute sein, wenn er – diesseits überkommener religiöser Vorstellungen und Einstellungen – lebensdienlich sein soll für junge Menschen in ihrer Lebenswelt und für uns alle in dem Bemühen, diese Welt menschlich zu gestalten? Hier zeigt sich ein Dissens: Was subjektiv und emotional vorübergehend befriedigen kann, muss keineswegs generell sinnstiftend und orientierungsfähig sein. Mag auch die ekstatische Hingabe an die Sinn- und Gefühlsmuster dieser Musik in manchen Augenblicken manche Jugendlichen wirklich beglücken, so können diese allein kaum tragfähige Lebensgeschichten und dauerhafte Gemeinschaftsformen begründen. Zu leicht schlägt hier das momentane religiöse Empfinden in eine tatenlose Abhängigkeit um, die religions- und ideologiekritisch aufgedeckt werden muss.

3.3 OPEL Astra Cabrio: Grenzen überschreiten – Transzendenz erfahren. Technik als Medium religiöser Phantasie

Großformatige Plakate und Anzeigen präsentieren im Frühsommer 2001 das neue OPEL Astra Cabrio, einen offenen silberfarbenen Wagen auf einer blauen Standfläche vor weiß-blauem Himmel, darüber der Satz:»Wenn es einen Gott des Windes gibt, dann ist das sein Tempel.« Ein ähnliches Motiv erweitert die Standfläche zur Hafenmauer, dahinter das glatte, blauschimmernde Meer vor einem lichthellen Horizont unter blau-dunstigem Himmel. Über dessen ganze Weite spannt sich der Satz:»Ohne die Sonne gäbe es kein Leben auf der Erde. Beten Sie sie an«. Der Wagen ist hier seitlich platziert, am gegenüberliegenden Bildrand steht ein großer, stählerner Festmacher mit dickem Tauende auf der Pier. Unten, außerhalb des Bildmotivs, findet sich jeweils sehr klein die Unterschrift:»Das neue Astra Cabrio. Genießen Sie jede Sekunde. OPEL«.

Beide Szenen atmen die unbegrenzte Weite der Natur und ihrer Horizonte mit deutlich erkennbaren, aber fließenden Übergängen vom festen Boden zu Meer und Himmel. Das offene Auto mit seiner technisch-kühlen Ästhetik lädt ein zur lustvollen Fahrt »ins Blaue« – über die natürlichen Grenzen hinweg in die Weite eines lichtdurchfluteten Kosmos. Die stabilen Räder garantieren feste Haftung am Boden, der Festmacher zum Vertäuen großer Schiffe gibt auch dem ängstlichen Gemüt vertrauenerweckenden Halt. Der »Gott des Windes« als Ziel und Begleiter, die »göttliche« Kraft der lebensspendenden Sonne verbinden sich hier mit den Elementen der schön geordneten, angenehmen Natur. Wer möchte da nicht einsteigen und losfahren, Grenzen überwinden und Horizonte durchschreiten in dem Gefühl: Alles steht mir offen, alles fliegt mir zu und ist mir untertan, und ich genieße – mit sicherem Stand –, was mir – einem Gott gleich – in die Hand gegeben ist. Naturreligiöse Vorstellungen, Schöpfungsmythen und Allmachtsphantasien werden hier so ineinander verwoben, dass unsere existenzielle Gebundenheit an eine natürliche wie kulturelle »Mitte« und zugleich unsere Freiheit, das Umgreifende, Ganze zu denken, zu entdecken und zu erfahren, in einer realistischen Perspektive vereint zu sein scheint. Die Faszination ist groß, das Erschrecken vor den zerstörerischen Kräften der Natur wird ausgeblendet. Das Angebot ist mühelos zu ergreifen, die Welt in neuen Dimensionen zu erfahren.

So vordergründig die religiösen Bezugnahmen im verbalsprachlichen Teil dieser Kommunikate erscheinen, so massiv werden mit der visuellen Gesamtgestaltung weniger leicht zu artikulierende religiöse Gefühle und Vorstellungen des Publikums aktiviert. Insofern »spielen« sie nicht nur mit Zitaten aus der konventionellen Vorstellungswelt überlieferter Religionen, sondern operieren mit elementaren Formen menschlicher Religiosität, die auch unser Erleben und Handeln in den säkularen, postmodernen Lebensformen verdeckt oder offen begründet. Sie verweisen auf die Transformation religiöser Lebens- und Ausdrucksformen in der säkularen und postmodernen Gesellschaft.

3.4 PARADISE NOW – Der alte und der neue Mensch. Vollendung durch Bekenntniskonsum

Der Düsseldorfer Fotograf Horst Wackerbarth hat 1994 für die Firma OTTO KERN einen Textil-Katalog nach biblischen Motiven entworfen. Unter dem Titel PARADISE NOW inszeniert er Modefotos nach Szenen aus der hebräischen und griechischen Bibel von der Schöpfungserzählung bis zur Leidensgeschichte Jesu (vgl. Gottwald 1994). Dabei entwickelt er eine moderne Eschatologie: Die Sehnsucht nach einem vollendeten Menschsein erfüllt der zeitgenössische Wohlstandsbürger sich selbst, indem er einen trendgemäßen Lebensstil wählt, die Markenkleidung eines bestimmten Herstellers trägt und so den Unternehmer befähigt, beträchtliche Anteile seines Gewinnes für Projekte der internationalen Entwicklungs- und Friedensarbeit zu spenden. Auf diesem Weg verwirklicht das Individuum nicht nur erfolgreich sich selbst und befriedigt seine innersten Bedürfnisse, sondern es trägt durch seine Markenbindung und Markentreue auch zur Lösung der großen sozialen und politischen Konflikte der Menschheit bei. Diese Art »Bekenntniskonsum« (vgl. Bolz/Bossart 1995) entlastet die so Glaubenden einerseits davon, sich persönlich Gedanken über Ursachen und Strukturen globaler Krisen zu machen und sich für deren Lösung mühevoll zu engagieren; sie macht andererseits jede Form von schlechtem Gewissen überflüssig, das sich wegen der eigennützigen Motive oder der materiellen Orientierung einstellen könnte. Denn alle gewinnen dabei, die Bekenntnis-Konsumenten an persönlicher Zufriedenheit und Selbstbewusstsein, das Unternehmen an Profit und Marktmacht, und

schließlich auch die Opfer einer ungerechten Weltwirtschaft, denn sie bekommen Entwicklungshilfe.

H. Wackerbarth nennt seine Fotos »Ikonen eines zeitgemäßen Glaubens« (vgl. Gottwald 1994, 423ff). Er drückt damit aus, was viele Menschen in Mittelschicht-Milieus denken, dass nämlich der moderne, aufgeklärte und emanzipierte Mensch seine Lebensaufgaben selbst definieren und seine Existenzrechte aus eigenem Vermögen verwirklichen kann. Er bedarf dazu keiner göttlichen oder einer anderen metaphysischen Legitimation. Dabei wird selbstverständlich nicht weiter reflektiert, ob dieses Selbstverständnis als Deutungsmuster für das Verhältnis des Menschen zu sich selbst wie zur Wirklichkeit schlechthin und zur Bewältigung kollektiver Existenzprobleme und Sinnkrisen ausreicht. Auch wird nicht gefragt, ob diese an sich faszinierende Form der Selbsterlösung nicht durch Selbsttäuschung wie durch kollektive ökonomische und politische Konflikte und Intrigen von Grund auf korrumpiert werden kann. So nötigt dieser Versuch, einen Teilbereich durchaus positiver moderner Lebensgestaltung religiös zu verabsolutieren, auch zu fundamentaler Kritik: Er erfasst unsere vielschichtigen und widersprüchlichen Sinndeutungs- und Existenzprobleme keineswegs in ihrer Fülle und Nachhaltigkeit und begründet keinerlei Hoffnung, das Paradies sei für alle Menschen allein aufgrund ihrer Menschenwürde und unabhängig von sozialen und ökonomischen Unterschieden wiederzugewinnen. Ein teuer gekleidetes Yuppie-Paar jedenfalls begründet allein noch keineswegs diese Verheißung.

4 Die Transformation von Religion in der Alltagskultur als religionshermeneutische und religionspädagogische Herausforderung

4.1 *DRUM. YOUR OWN RHYTHM.* – Individualisierung *der* Religion und *durch* Religion – Individualisierung *als* Religion?

Die Anzeige des niederländischen Tabak-Konzerns Douwe Egberts Agio, erschienen u.a. in der Zeitschrift Emma (Heft 1/2, 1993; vgl. Gottwald 1996; Gottwald 2000), zeigt eine junge Frau in Jeans und weißem T-Shirt. Sie steht auf einer Toilettenschüssel in einem altmodischen Klo und malt dort die Erschaffung Adams durch Gott nach der Darstellung Michelangelos in der Sixtinischen Kapelle des Vatikans an die Decke. Darunter zitiert sie auf der einen Wand den Höllensturz Satans und die Vertreibung Adams und Evas aus dem Paradies. Auf der anderen Wand hat sie das DRUM-Logo raumhoch und kunstvoll reproduziert. Von der Glorie Gottes läuft rote Farbe wie Blut über den Arm und das T-Shirt auf das Becken der jungen Frau. Das Bild rückt die Betrachterinnen und Betrachter in eine extreme Froschperspektive, so als würden sie vom Fußboden aus auf die Frau und auf das Bild

Gottes über ihr hinaufschauen. Vom Bild Gottes hoch oben wandert der Blick entweder nach links zu Adam und abwärts über den Sturz Satans und die Vertreibung der Urmenschen zurück zur Bildmitte auf das Becken der Frau oder aber nach rechts, dem Schriftzug DRUM folgend abwärts in die rechte untere Bildecke. Über der ganzen Szene steht in großer weißer Schrift *Drum. Your Own Rhythm*. Lesen wir das Bild als visuellen Text nach seinen gestalterischen Elementen, seinem formalen Aufbau und den inhaltsreichen Bezügen, so ergibt sich daraus eine zeit- und adressatengemäße Botschaft:

Eine junge moderne Frau dekoriert ihre traditionelle und ursprünglich schmucklose Toilette mit einem bedeutungsschweren Zitat aus der abendländischen sakralen Kunst. Sie verknüpft das mit einem ebenso gewichtig ausgeführten Werbemotiv für Tabak zum Selberdrehen. Als Zitat wählt sie den patriarchalischen Gott-Adam-Mythos einer wirkungsgeschichtlich prägenden Tradition unseres Kulturkreises, in der Darstellung eines der bedeutendsten abendländischen Künstler. Sie entnimmt die Darstellung dem öffentlich-sakralen Raum der Sixtinischen Kapelle im Vatikan, dem (Macht-)Zentrum der christlichen Kirche, und überträgt sie in ihren privaten, geradezu intimen Bereich. Sie platziert »ihr« Bild nicht etwa nach bürgerlichem Brauch dekorativ im Wohnzimmer, sondern provokativ auf dem Klo, dem gesellschaftlich tabuisierten Ort negativ besetzter Leiblichkeit und körperlicher Ausscheidungen.

Die Verknüpfung von aktuellem Menschenbild, traditioneller sakraler Kunst und Genussmittelwerbung spiegelt drei zentrale Aspekte der veränderten Bedeutung und Funktion von Religion in der Lebenswelt wider:

(1) Der gesellschaftliche Prozess der Privatisierung und Individualisierung *der* Religion: Der Mythos vom Ursprung des Menschen in Gott wandert aus dem öffentlich-sakralen Raum der Kirche in ein ganz privates Umfeld (Luckmann 1993, 179 u.ö.).

(2) Die subjektiven Möglichkeiten der Individualisierung *durch* Auseinandersetzung mit und Aneignung von Religion: Die junge Frau im Bild handelt offenbar aus freiem Willen mit der Absicht, sich ein ihr gemäßes Wohn-Ambiente zu schaffen. Sie »weiß« offenbar um die Bedeutung des grundlegenden Mythos, seiner künstlerischen Gestaltung und ihrer gesellschaftlichen Funktionen und verfügt nach eigenem Urteil und Geschmack über sie. Religion und Kunst bleiben also für ihre persönliche Identität relevant, doch jetzt verfügt sie über die religiöse Tradition und lässt sich nicht mehr von der kirchlichen Autorität leiten (vgl. Luther 1992, 13ff u.ö.).
(3) Das mögliche Verständnis von Individualisierung *als* Religion: Das Markenlogo DRUM nimmt das gesamte rechte Drittel der Bildkomposition ein. Es »entspringt« geradezu dem Bild Gottes oben und steht zugleich wie eine Säule unten auf dem »realen« Boden des Raumes. Es bildet neben der Frau im Zentrum des Bildes dessen zweite senkrechte Achse. Sie verbindet den symbolischen Bereich der oberen Bildhälfte mit der »realen« Szenerie der unteren. Die Farben des Logos entsprechen denen der Darstellung der Frau, weiß wie ihr T-Shirt, ocker/orange wie ihre Haut, blau wie die Jeans und rot wie die Farbflecken auf ihrer Hüfte. So wird das Markenzeichen visuell zur Entsprechung der Frau, die ihrerseits die verkrümmte Gestalt der aus dem göttlichen Paradies verwiesenen Eva ablöst. Mit ihrem »eigenen Rhythmus« – und dem jeder Frau eigenen biologischen Rhythmus – steht sie aufrecht, natürlich und lustbetont gegen das Bild der biblischen, schuldbeladenen Eva. Der Mythos von der Vertreibung des Urbildes aller Frauen aus dem göttlichen Paradies (vgl. dagegen Denecke 1990!) wird durch das Bild von der emanzipierten, ich-starken, modernen Frau unbelastet von aller religiös-patriarchalischen Ideologie kontrastiert. Selbstbewusstsein, Natürlichkeit und lustbestimmtes Verhalten nehmen so gleichsam religiöse Qualität an, das an Konsum und Lifestyle gebundene Leitbild der Werbung erhält religiöse Dignität. Die Transformation der kirchlich tradierten Religion hätte in der vollkommenen Selbstverwirklichung und Individualität des modernen, emanzipierten Subjekts ihr Ziel erreicht.

4.2 Säkularisierte Religion und Transzendenzbewältigung heute

Ich verstehe die hier demonstrierten und angesprochenen Phänomene der Werbekommunikation als Belege für moderne, ja postmoderne Formen von Religion und Religiosität. Sie stehen in Kontinuität mit den überlieferten Formen von Religion und Religiosität, differieren aber zugleich von ihnen. Sie verweisen uns ständig auf Ausdrucks- und Lebensformen der großen geschichtlichen Religionen wie Buddhismus oder Christentum und spielen zugleich hinüber in moderne,

säkulare Formen und Praktiken symbolisierender Ausarbeitung und Bewältigung von Grund- und Grenzfragen menschlicher Existenz. Drei Aspekte konstituieren die Rede von Religion in der gegenwärtigen Diskussion, der substantielle, der funktionale und der praktische:
(1) *Substantiell* begegnen Religionen als kulturell geprägte Systeme symbolischer Aussagen und Bedeutungen. Mittels religiöser Mythen, Symbole und Vorstellungen verstehen Menschen ihr Dasein in der natürlichen Wirklichkeit so, als sei es abhängig von ihnen unverfügbaren Mächten und Ordnungen. Mittels der religiösen Vorstellungen von Wirklichkeit und Dasein deuten sie ihr Erleben und orientieren sie ihr Verhalten. So geben ihnen die religiösen Deutungen ihres unmittelbaren Erlebens emotionale Sicherheit und gedankliche Klarheit, dass »die Welt« und ihr Dasein auf einer verständlichen und sinnvollen Ordnung basieren (vgl. z.B. Geertz 1997, 48ff).
(2) *Funktional* dienen Religionen zur produktiven Transzendenzbewältigung: Die »handelnde Interpretation der Gesamtwirklichkeit« (Gehlen 1971, 86f) ermöglicht den Menschen, sich in den alltäglichen Lebensvollzügen sicher zu orientieren, und erlaubt es, auch Lebens- und Sinnkrisen in ihrer Bedeutung zu relativieren und in das praktische Leben zu integrieren. Judentum, Christentum und Islam gründen zwar ihrem Selbstverständnis nach »in der Erfahrung einer Gotteszuwendung«, allgemein aber wird angenommen, es gehöre »zum Menschen als Anlage oder Idee [...], religiös zu empfinden oder religiöse Vorstellungen zu haben« (Religionen ... 1991, 15, 17f). Religion erscheint deshalb in der modernen Anthropologie als das produktive Bemühen des Menschen, die Offenheit seines Daseins, sein Eingebundensein in die natürliche Wirklichkeit sowie sein Verhältnis zu sich selbst durch sinngebendes Deuten dessen, was ihn jenseits seiner individuellen Existenz umgibt und trägt, zu kompensieren und sich gewissermaßen in eine tragfähige und dauerhafte Seinsordnung »hineinzudenken«. Dabei überschreitet er die Grenzen seiner »natürlichen« Verfassung auf ein »das Einzeldasein transzendierendes Sinngefüge« hin (Luckmann 1973, 270), das ihm nun als symbolische Ordnung, als »heiliger Kosmos« gegenübersteht, ihn »übergreift und umschließt« und das er als eine »übermächtige Wirklichkeit« sich selbst gegenüber sieht und anerkennt (Berger 1973, 26f).
(3) *Praktisch* fungieren Religionen deshalb als transzendental-sinnhafte Ordnung in der alltagskulturellen Praxis und werden als solche durch Überlieferung und Sozialisation von Generation zu Generation vermittelt und zugleich in der persönlichen wie der gemeinschaftlichen Ausübung der Frömmigkeit immer neu gestaltet und zeitgemäß artikuliert. Religion und Religiosität bestehen insofern in einer kulturell geprägten Symbol- oder Symbolisierungspraxis, die sich mit dem soziokulturellen Wandel entwickelt und verändert.

Die Transformation religiöser Symbolik in den Vorgängen der Werbekommunikation ist als Teil dieses Wandlungsprozesses zu begreifen. Sie ergibt sich als Folge der Säkularisierung aller Lebensbereiche, in der auch die gegenwärtige Plausibilitätskrise des Christentums wurzelt. Während die Inhalte des christlichen Bekenntnisses öffentlich kaum mehr plausibel zu vermitteln sind, dominiert statt dessen im öffentlichen Bewusstsein eine »Ökumene der Mehrdeutigkeit, ein Grundkonsens im Religiösen darüber, dass es einen umfassenden religiösen Konsens nicht mehr gibt« (Drehsen 1999, 94f). Das mittelalterliche Ideal einer religiös integrierten einheitlichen Lebenskultur hat sich aufgelöst, die ursprünglich im »heiligen Kosmos« begründeten und integrierten einheitlichen Lebensformen sind in unterschiedliche, jeweils in sich vernunftgemäß begründete Lebensbereiche zerfallen. Die religionskritische Verselbständigung und Verallgemeinerung von Kultur hat die Verbreitung und Akzeptanz unterschiedlicher Religionen und Gottesbilder ermöglicht. Sie führt folgerichtig zur Entkirchlichung großer Teile der Gesellschaft und weiter Bereiche des täglichen Lebens. Das »kirchliche Christentum« »formt« jedenfalls nur noch sehr eingeschränkt das Verhalten und die Mentalität von Personen und Gruppen (Drehsen 1999, 95f).

Unter diesen gesellschaftlichen, d.h. lebensweltlichen Bedingungen ändern sich auch die Aufgaben für die Theologie und die Religionspädagogik. Drei Herausforderungen bestimmen ihre Zukunft. Ich sehe sie vor allem (1) in der Vermittlung einer neuen Religionshermeneutik und Religionskritik, (2) in der Begleitung junger Menschen auf dem Weg zu einer religiösen bzw. konfessionellen Position bzw. Identität unter den Bedingungen religiöser und weltanschaulicher Pluralität und schließlich (3) in ihrer Befähigung zum religiös-weltanschaulichen Diskurs und dessen Förderung in der Öffentlichkeit.

4.3. Religionshermeneutik, Lebensbegleitung und Diskursfähigkeit – Neue Ansätze zur religiösen Bildung

Soll die christliche Religion auch heute im Kontext religiöser Freiheit wie Pluralität jungen wie älteren Menschen zeitgemäß-kritisch erschlossen werden, damit sie in eine der großen Bekenntnistraditionen eintreten, diese verbindlich praktizieren, sie argumentativ vertreten und auch produktiv weiterführen können, so müssen Theologie und Religionspädagogik eine dreifache Vermittlungsaufgabe leisten: Sie müssen die Vielfalt der religiösen Lebens- und Ausdrucksformen in Geschichte und Lebenswelt *hermeneutisch* erschließen, durch *Begleitung* der Menschen jeden Lebensalters *in wichtigen Lebens- und Glaubensfragen* ihnen ermöglichen, sich zur Bildung eigener religiöser Vorstellungen und Ausdrucksformen zu befähigen und den *öffentlichen Diskurs* über religiöse und weltanschauliche Grundfragen wach

halten bzw. stellvertretend organisieren, damit möglichst viele Menschen sich nach ihren Fähigkeiten daran aktiv beteiligen können.
(1) Die zentrale Aufgabe religiöser Bildung heute liegt darin, die überlieferten wie die gegenwärtigen Symbolisierungen des Menschseins in der Welt und der sinnhaften Deutungen seiner Grund- und Grenzerfahrungen verständlich zu erschließen. *Religionshermeneutik* meint die sachliche Aufklärung und verständliche Erklärung und Deutung der religiösen Überlieferungen, Praktiken und Deutungsprozesse in der Lebenswelt, so wie sie den Menschen im Alltag begegnen, wie diese sie wahrnehmen und wie sie für sie im konkreten Fall relevant sind oder verbindlich werden können. Dabei geht es angesichts des Plausibilitätsverlustes aller traditionellen Formen christlichen Glaubens und kirchlicher Frömmigkeit nun nicht mehr allein um deren Weitergabe, sondern vielmehr darum, die authentische Begegnung mit den pluralen religiösen und weltanschaulichen Deutungsangeboten der Gegenwart zu vermitteln und ihre präzise Wahrnehmung einzuüben. Das schließt die religiösen Aspekte der Werbekommunikation ein. Auf dieser Basis kann und muss dann die Auseinandersetzung um die religiöse Deutbarkeit von Mensch, Welt und »Umgreifendem schlechthin« (H.-J. Fraas 1990, 157) geführt werden, selbstverständlich in diskursiven Formen und mit dem Ziel, sich kritisch über Sinn, Angemessenheit und Lebensdienlichkeit der verschiedenen Deutungen zu verständigen. Dabei sind sowohl die großen religiösen Traditionen der Vergangenheit als auch ihre postmodernen Erben säkular sich gebender Transzendenzbewältigung sorgfältig zu prüfen und abzuwägen. Die Qualifizierung einer jeden einzelnen Person zur Ausübung ihrer Freiheitsrechte, aber auch der notwendige Konsens über die verbindlichen Normen des Zusammenlebens aller müssen dabei Dreh- und Angelpunkt der Bildungsarbeit bleiben.
(2) Die zweite Herausforderung religiöser Bildung besteht in der *Lebensbegleitung* für Einzelne und Gruppen zumindest in Krisensituationen ihrer Entwicklung, bei Kernproblemen ihrer Identitätsbildung und sozialen Integration, bei den Grund- und Grenzfragen nach dem Leben, seinen konstitutiven Bedingungen, seinem Sinn und Ziel. Religionshermeneutik und Lebensbegleitung können unter den Bedingungen von Selbstbestimmung, Religionsfreiheit und religiöser und weltanschaulicher Pluralität nur in den partnerschaftlichen und inhaltlich offenen Formen des Dialogs und des Diskurses gelingen, geführt innerhalb sozialer Gruppen und Gemeinschaften, zwischen ihnen und zwischen den Generationen, abgestimmt auf die Bereitschaft und auf die Fähigkeiten der Beteiligten selbst. Dabei sind die expandierenden Chancen des »entschulten Lernens« durch massenmediale Kommunikation in Bildung, Freizeit und Arbeit einzubeziehen – auch hier unter besonderer Berücksichtigung der sinnvermittelnden – oder Sinn verstellenden? – Werbekommunikation. Denn vor allem Kinder und Jugendliche

erleben und nutzen wachsende Freiräume für eigene Entscheidungen und selbstbestimmtes Verhalten außerhalb der traditionellen Erziehungseinrichtungen und Sozialisationsagenturen. Sie agieren auf wechselnden sozialen und kulturellen Bühnen und eignen sich Welt zunehmend mehr durch eigene, nicht durch Erzieher vermittelte Kontakte und Kommunikation an. Sie bilden also ihre Persönlichkeit und ihre lebensbestimmenden Perspektiven z.T., wenn nicht weitgehend, außerhalb pädagogischer Institutionen und sozialer Kontrolle.

Werbekommunikation wirkt dabei als eines der »verborgenen Curricula« mit, von denen sie lernen und an deren Leitbildern sie sich orientieren. Angesichts der religionshermeneutischen Aufgabe dürfen wir deren Symbolisierungspotenzial nicht unterschätzen, dürfen aber auch die jungen Menschen in ihrer Entwicklung nicht kritikunfähig deren Attraktivität und Einflussnahme überlassen. Sie brauchen deshalb zwingend eine religiöse bzw. weltanschauliche Grund- und Allgemeinbildung, die ihnen das Verständnis und die Kritik dieser Symbolisierungen ermöglicht. In der freiheitlich-demokratischen und pluralistischen Gesellschaft der Bundesrepublik sollten deshalb alle zur gemeinsamen Verantwortung willigen und fähigen religiösen und weltanschaulichen Gruppen und Verbände an dieser für die Gesellschaft und ihre Kultur wesentlichen Aufgabe der religiösen Bildung teilnehmen. Der christliche konfessionelle Religionsunterricht kann das in seiner bisherigen Form allein in Zukunft nicht leisten.

Religionspädagogisches Handeln soll schließlich (3) *die Fähigkeit zum religiösen und weltanschaulichen Diskurs* vermitteln und diesen Diskurs praktisch fördern: Die religiösen Symbolisierungen der Werbekommunikation müssen nicht nur individuell reflektiert und kritisiert, sondern auch in der öffentlichen Meinungsbildung um Leitbilder und Wertorientierungen debattiert werden. Andererseits sollen die jungen Menschen ihrerseits ihre Überzeugungen auch im öffentlichen Diskurs vertreten und weiterbilden können. Identität und Integrität von Personen und Gruppen (Erikson 1971) bilden sich nur auf der Basis gelingender Interaktion, im sozialen und emotionalen Austausch auch über Grenzen und Gegensätze hinweg. Die Freiräume technisch medialer Kommunikation sind in dieser Hinsicht defizitär, deshalb brauchen Kinder, Jugendliche und Erwachsene Begegnungsräume und »soziale Szenen«, die dazu anregen, unterschiedliche soziale, ethnische, religiöse oder weltanschauliche Positionen kennenzulernen und kritisch, auch ideologiekritisch zu beurteilen. Theologie und Religionspädagogik können diesen religionshermeneutisch-kritischen Diskurs immer wieder anstoßen, Kirche und Schule die notwendigen Freiräume dafür organisieren.

Nach Jan-Pierre van Noppen können wir »Gott« als Metapher für die äußerst denkbare Möglichkeit von Transzendenz verstehen (Ders. 1988, 8), also als symbolischen Platzhalter für die extremste Form des

Gedankens, dass wir in unserer leibhaftigen Existenz auf eine transzendente Dimension als Bedingung und Ermöglichung unseres Daseins verwiesen sind. Wenn aber Gott in einer kritischen, auch sprachkritischen Theologie als Metapher für äußerst denkbare Transzendenz stehen kann, können die religiös sich artikulierenden Leitbilder der Werbekommunikation, »Neues Sein«, »Selbstverwirklichung«, »Erfüllung« oder »Heil« ihrerseits als Metaphern für die äußerst denkbare, äußerst radikalisiert gedachte Hoffnung stehen, menschliches Leben und Zusammenleben könnte in Freiheit und Vielfalt vollkommener gelingen, als wir es gegenwärtig erleben.

Ich sehe ein faszinierendes, theologisch und religionspädagogisch sinnvolles Projekt darin, dieser äußerst denkbaren Möglichkeit gelingenden Daseins nachzuspüren – in der theologischen Analyse, Kritik und Interpretation gerade auch der massenkommunikativen Werbesymbolik. Religion wird in ihr nicht nur mittels einer sich wandelnden Symbolik neu vermittelt, sondern sie lebt offenbar auch in ihnen und produziert dynamisch neue Möglichkeiten der Symbolisierung menschlicher Existenz.

Literatur

P.L. Berger, Zur Dialektik von Religion und Gesellschaft. Elemente einer soziologischen Theorie, Frankfurt a.M. 1973

N. Bolz / D. Bossart, Kult-Marketing. Die neuen Götter des Marktes, Düsseldorf ²1995

J. Bowker (Hg.), Das Oxford-Lexikon der Weltreligionen, Düsseldorf/Darmstadt 1999

A. Denecke / R.B. Matschke / R.Weinsberg (Hg.), Vertreibung oder Befreiung aus dem Paradies? Was die Märchen und die Bibel gemeinsam haben, Eschbach 1990

V. Drehsen, Ehrfurcht vor Gott – vor welchem? Erziehung zu allerlei Göttlichem unter »postmodernen« Vorzeichen, in: Ehrfurcht vor Gott und Toleranz. Leitbilder interreligiösen Lernens, hg. v. *E. Gottwald* und *F. Rickers*, Neukirchen-Vluyn 1999, 93–107

E.H. Erikson, Identität und Lebenszyklus. Drei Aufsätze, Frankfurt a.M. 12.–15. Tsd. 1971

H.-J. Fraas, Die Religiosität des Menschen. Ein Grundriss der Religionspsychologie, Göttingen 1990

C. Geertz, Dichte Beschreibungen, Frankfurt a.M. 1997

A. Gehlen, Religion und Umweltstabilisierung, in: Hat die Religion Zukunft, hg. v. *O. Schatz,* Graz u.a. 1971, 83–97

E. Gottwald, Jesus, die Jeans und das Gottesreich, in: EvErz 46 (1994), 423–432
– Didaktik der religiösen Kommunikation, Neukirchen-Vluyn 2000

K. Gottwald, Your own rythm? Kritische Beobachtungen zur Darstellung von Religion und Kirche in der ›Emma‹, in: Sichtbares und Unsichtbares. Facetten von Religion in deutschen Zeitschriften, hg. v. *L. Friedrichs* u. *M. Vogt*, Würzburg 1996, 205–221

Th. Luckmann, Religion in der modernen Gesellschaft, in: *J. Wössner* (Hg.), Religion im Umbruch, Stuttgart 1972, 3–15, zit. nach *W. Oelmüller* u.a. (Hg.), Philosophische Arbeitsbücher 3: Diskurs Religion, Paderborn 1979, 267–280

– Die unsichtbare Religion, Frankfurt a.M. 1993

H. Luther, Religion und Alltag. Bausteine zu einer Praktischen Theologie des Subjekts, Stuttgart 1992

J.-P. van Noppen, Einführung: Metapher und Religion, in: *ders.*, Erinnerung um Neues zu sagen, Frankfurt a.m. 1988

Religionen, Religiosität und christlicher Glaube. Eine Studie, hg. im Auftrag der Arnoldshainer Konferenz und der VELKD, Gütersloh ²1991

H.G. Soeffner, Emblematische und symbolische Formen der Orientierung, in: Auslegung des Alltags – Der Alltag der Auslegung. Zur wissenssoziologischen Konzeption einer sozialwissenschaftlichen Hermeneutik, Frankfurt a.M. 1989.

CHRISTIANE PANTKE

Orte ritueller Kommunikation

Einleitung

Traditionelle Altarkulturen aus dem afroamerikanischen Kontext sollen der deutschen »ritualisierten Alltagskultur« gegenübergestellt werden. Welche Ähnlichkeiten und Differenzen existieren zwischen traditionellen afroamerikanischen Altären und Kunstaltären sowie altarähnlichen Dekorationen unserer Alltagssphäre in unserem Kontext? Welchen Umgang pflegen Personen mit Altären?
Aus dem Kontext der afrobrasilianischen Religion möchte ich zwei Objekte präsentieren. Die an die Gottesmutter erinnernde Frauengestalt und die männliche Barbiepuppe sind in der afrobrasilianischen Kultur zwei afrikanische Gottheiten in der Diaspora. Wären Anhänger der Religionen zugegen, würde für sie sich dieser Tisch in einen Altar verwandeln.
Die brasilianische *candomblé*-Gottheit, der *orixá Oxalá*, ist Symbol für Reinheit, Gewissen, Gerechtigkeit, Verantwortungsbewusstsein, Alter und Vaterschaft. Er erscheint als weißgekleideter Barbieman auf einem von Rosen bekränztem Thron und hilft, genau diese angesprochenen Themen zu bewältigen. Vorraussetzung ist, dass er gespeist wird, mit ihm ein reziprokes Verhältnis eingegangen wird und seine kosmologischen Gesetze akzeptiert werden.
Yemanjá, die afrobrasilianische »Göttin des Meeres« und Mutter der *orixás*, herrscht über die Meere und ist für alle Bereiche, die mit Fischfang, Seefahrt und Meer in Zusammenhang stehen, aber auch für Fruchtbarkeit, Schönheit, Liebes- und Lebensglück, zuständig. Bei Festen zu ihren Ehren erhält sie am Strand Opfergaben, welche die Menschen zu ihr in das Meer werfen, Dinge, die sie liebt, wie Rosen, Kämme, Spiegel, Seifen, Parfüms und weiße Kuchen. Die Menschen wünschen sich von ihr im Gegenzug Liebe und Glück. Werden die Opfergaben von *Yemanjá* angenommen, d.h. wenn sie nicht mehr an Land gespült werden, wird *Yemanjá* die Bitten der Menschen erfüllen.[1]

---

1 Vgl. *Pantke* (1997, 62–66).

Teil 1: Darstellung der relevanten Begriffe

Altäre sind überall Orte ritueller Kommunikation. Sie markieren die Grenze, an der Himmel und Erde, die Lebenden und die Toten, das Alltägliche und die Welt der Geister einander begegnen. Einfach oder kunstvoll ausgeführt, für einen Einzelnen oder die Gemeinde, Altäre sind Stätten der Sammlung und der Andacht für den Gläubigen. Sie bieten einen Raum für Opfergaben und Bitten, sie kanalisieren übernatürliche Kräfte. Afroamerikanische Altäre sind oft der Ort, an dem sich eine Heilung oder eine moralische Abrechnung vollzieht.[2]
»... Altäre können auch, anders als die bekannten traditionellen Tischaltäre, Arrangements aus Früchten und Blumen, oder Kunstarbeiten und Embleme sein, ein Altar kann beweglich und transportabel sein, und zudem sich in einer Waschmaschine oder einem Klosett befinden. Altäre können die Formen von Felsen oder Bäumen haben, ein Garten oder auch einfach ein Strand sein. Ein Altar kann funkelndes Kerzenlicht, ein Besessenheitstanz oder -gesang sein. Altäre sind Plätze, wo Menschen sich an Ahnen und Gottheiten erinnern und mit ihnen kommunizieren. ...«.
Die Menschen kommunizieren alleine oder in Gruppen gleicher Glaubenszugehörigkeit an ihren vielfältigen Altären. Sie können dies öffentlich oder heimlich tun. Die Örtlichkeiten können Plätze der häuslichen Privatsphäre, Kultstätten oder öffentliche Plätze sein. Die Orte erfahren dann die Zuschreibung »heilig«.
Der Barbieman alias *Oxalá*, um ein Beispiel herauszuheben, kann in einer Ecke einer Hütte stehen oder in einer modernen Schrankwand in einem Haus in der Stadt. Er verwandelt somit die Schrankwand oder die Ecke in einen Altar. Er kann mit mehreren anderen »sakralen Objekten« umgeben sein. *Oxalá* verwandelt Orte in Stätten der Kommunikation zwischen Mensch und Gottheit. Es werden ihm Bitten vorgetragen, welche die Probleme von Einzelpersonen oder Familien betreffen. Hierbei handelt es sich sowohl um alltägliche Sorgen, Krankheiten, psychische Probleme, momentane Lebenskrisen und zwischenmenschliche Probleme als auch um generelle gesellschaftliche Probleme wie beispielsweise Armut und Arbeitslosigkeit.
Für die Lösung ihrer Probleme bringen ihm die Menschen Opfergaben dar. Das reziproke Verhältnis zwischen Mensch und *orixá* oder Ahnengeist muss immer wieder erneuert werden. Zur Verehrung gehört die Einhaltung bestimmter, in der Kosmologie begründeter Tabus.
In Stätten ritueller Kommunikation, wie der *candomblé*-Kultstätte, findet die Kommunikation in Gruppen statt. Der Priester ist Vermittler

---

2 Vgl. *Thompson* (1993, 16–30).

zwischen Menschen und Göttern.[3] Andere Funktionen dienen dem Zusammenhalt der Gruppe,[4] der Gesundheit ihrer Mitglieder. Dies umfasst alle Bereiche körperlicher, psychischer und sozialer Gesundheit[5] sowie die Ordnung zwischen Kosmos und Mensch, die immer wieder erneuert werden muss.[6]

Um eine Abgrenzung zwischen »traditioneller Altarkultur«, deren Kommunikation an Altären im Ritual stattfindet, und »ritualisierter Alltagskultur« zu treffen, werde ich ethnologische Deutungsweisen vorstellen. Victor Turner[7] z.B. analysiert Rituale schrittweise nach ihrem unmittelbaren Bedeutungsgehalt für die Mitglieder einer Kultur. Er verwendet hierbei die Methode der vergleichenden Symbolforschung und der Prozessanalyse. So analysiert Turner bei manchen Ritualen ein Wechselspiel menschlichen Leidens und symbolischer Erneuerung. Das gleiche gilt für menschliche Gemeinschaften und Umwelt.

In Ritualen werden auch Machtverhältnisse stabilisiert und Hierarchien gefestigt. Die religiöse Gemeinschaft, als Abbild des Kosmos, wird in den Ritualen bestätigt und Rollenverhalten der Mitglieder der Gesellschaft festgelegt. Die Bedeutsamkeit von Ritualen für die Identitätsstiftung[8] der Mitglieder soll in diesem Kontext ebenfalls erwähnt werden.[9] Das Ritual, die kultische Handlung, welche im Zusammenhang mit einem religiösen Brauch zu sehen ist,[10] hat immer verschiedene Bedeutungsebenen.

»...Rituale haben soziale und psychologische Auswirkungen; man kann sie als Mittel sehen, um die Grenzen einer Gruppe zu definieren oder zu erhalten, um Status zu verleihen, um eine Katharsis beizuführen und mehr. Zweitens haben Rituale eine Bedeutung, das heißt, ihre Symbolik ist in der Lage, eine Anzahl von kulturellen Werten und Ideen auszudrücken. (...) Das Ritual als beobachtetes Phänomen, geht weit über die soziologischen und/oder affektiven Funktionen hinaus, die ihm zugeschrieben werden.(...) Als kulturell entworfene Aufführungen lassen Rituale wenig Platz für flexible Verhaltensmuster, wie

---

3 Vgl. *Günter Thomas* (1999, 208). Der Priester kann bei manchen Religionen als Medium und Prophet zugleich einem menschlichen und einem als göttlich verstandenen Gegenüber zugerechnet werden.
4 Ausführlicher siehe *Pantke* (1997).
5 Vgl. *Greifeld* (1995, 11–29).
6 Vgl. »communitas« von *Victor Turner* (1989).
7 Vgl.: *Turner* (1989, 198).
8 Aus dem Bereich der (sozial)psychologischen, soziologischen und kulturanthropologischen Identitätskonzeptionen möchte ich herausgreifen: *Erik H. Erikson* (1959), Identität und Lebenszyklus und *Heiner Keupp*, (1999), Das Patchwork der Identitäten in der Spätmoderne.
9 Weitere Literatur hierzu, vgl. *Bernd Estel* (1993, 207–210).
10 Vgl. *Wahrig*, Fremdwörterlexikon (1995), Ritus: 1. religiöser Brauch, kult. Handlung, 2. Gesamtheit der Bräuche bei einem Gottesdienst (lat., »feierlicher religiöser Brauch«).

sie für den alltäglichen Umgang so typisch sind: man muss z.B. zur richtigen Zeit niederknien ...«[11](Houseman 2001, 48)
Mary Douglas kritisiert 1970 die Übertragung des Ritualbegriffs auf jede Art von repetitiven Handlungen. Es würde eine negative Assoziierung von Ritual mit »ritualisiertem« Handeln entstehen und Ritual als »leere Form« übrigbleiben. Sie sieht hierin eine Trivialisierung des Konzepts.[12]
Der Buchtitel von Köpping und Rao »Im Rausch des Rituals« (2001) verdeutlicht den Modetrend des Begriffs »Ritual«. Der Begriff des Rituals hat von jeher verschiedene Zuschreibungen erhalten[13] und sollte als solcher nicht übertragen werden auf repetitive Alltagshandlungen. Goody (1977)[14] ist ebenfalls der Ansicht, dass die Veralltäglichung des Ritualbegriffs, vom Zähneputzen bis hin zum Kinobesuch, vom Autofahren bis zum Einkaufsbummel, also die Übertragung auf alle möglichen Routinehandlungen, unsinnig sei. Wenn Rituale aber von Routinehandlungen nicht mehr zu unterscheiden sind, stellt sich die Frage, woher sie jene besondere Wirkkraft beziehen sollen, die ihnen allgemein zuerkannt wird.[15]
Die Spezifizierung von Ritual und ritueller Handlung einerseits und die Differenzierung ritualisierter Alltagskultur hierzu ist unerlässlich. Als Resultat des bisherigen Diskurses werde ich im Kontext der Alltagskultur »rituell« durch »repetitiv« ersetzen, um eine exakte Abgrenzung vom religiösen »Ritual« zu vollziehen.[16] Den Begriff »ritualisiert« verwende ich dann, wenn repetitive Handlungen mit religiösen Konnotationen versehen werden.
Während all dieser Handlungen können Personen kommunizieren. Der gemeinsame Kern des Begriffsfeldes »Kommunikation« hat seinen Ursprung in communicatio (lat.: Mitteilung; abgeleitet von communico: gemeinsam machen, mitteilen, Anteil haben, bzw. communis: gemeinschaftlich, allgemein), meint damit stets ein In-Beziehung-Treten von Subjekten durch erfolgreichen Informationsaustausch.[17] Eine Mitteilung ist gemeinsam, ist ein Teilen mit Anderen. Kommunikation ist somit Interaktion. Bedeutung wird nicht im Objekt betont, sondern in

---

[11] *Houseman* 2001, 48.
12 Vgl. Douglas in *Rao/Köpping* (2001, 4–5).
13 Vgl. Rezeptionslinien einiger Ritualtheoretiker: *Van Gennep* (1906), *Mary Douglas* (1970), *Victor Turner* (1989), *Emile Durkheim* (1912), *Clifford Geertz* (1997), u.a.
14 Siehe *Jack Goody* (1977).
15 Vgl. *Rao/Köpping* (2001, 5).
16 Vgl. *Mary Douglas* (1970), Natural Symbols, London.
17 Vgl. *Ingo Mörth* (1993, 392) in: Handbuch religiöser Grundbegriffe Bd. III, hg. von *Cancik/Gladigow*, Stuttgart/Berlin/Köln.

der Zuschreibung, der Mitteilung, die ein prozesshaftes »Hin- und Her« beinhaltet.[18]

»Kommunikation als soziales Phänomen besteht aus der Synthese dreier Komponenten: (a) einer Information, (b) der Mitteilung dieser Information und (c) einem Verstehen dieser Mitteilung und ihrer Information. Jede dieser Komponenten ist abhängig und wird damit selektiv wahrgenommen«[19].

Bei Altären, Orten der Rituale, liegt die Betonung auf gemeinschaftlicher Kommunikation. Religiöse Kommunikation hat spezielle Eigenheiten, die sie von anderen Kommunikationsformen unterscheidet, z.B. dass sie ein hohes Maß an Formbindung aufweist, themen- und gruppengebunden ist. Verbale Kommunikationsformen wie Predigt und Gebet, Dogmen und kanonische Texte existieren neben nonverbalen Kommunikationsmustern wie Musik, Tanz, Kultbauten, Kultobjekten, Plastiken, bildhaften Darstellungen. Rituale sind ebenfalls in hohem Maße geformte Kommunikationen.[20]

Teil 2: Die Darstellung einer »traditionellen Altarkultur« am Beispiel afroamerikanischer Altäre

Die von Robert Farris Thompson gesammelten Altäre sind in seinem Buch: Face of the Gods, Art and Altar of Africa and the African Americas, New York 1993, beschrieben und abgebildet. Sie waren 1997 in einer Ausstellung im Haus der Kulturen der Welt in Berlin zu sehen.
Die afrobrasilianischen Religionen *candomblé* und *umbanda*, der kubanische *santería* sowie die anderen Religionen der afrikanischen Diaspora in Amerika, folgen der kulturellen Tradition der Ethnien der Yoruba und Kongo. Den Objekten werden verschiedene Kräfte zugeschrieben. Ein komplexes Regelwerk definiert den Umgang mit ihnen. An einigen Beispiele von Altären aus Thompsons Werk wird die Symbolik der Objekte erläutert. Ihre Bedeutung erfahren diese Objekte im Kontext der jeweiligen Religion und Kultur.[21]

---

18 Im Gegensatz zu Mitteilung steht die Übermittlung, als ein Transport von Wissen von A nach B. Vgl. *Kamel* (1999), von *Albert Kümmel* (1997, 205–236) zitiert. Vgl. ebenfalls *Claude Shannon / Warren Weaver* (1976) und *McLuhan* (1992), der das Medium als Botschaft bezeichnet. Zwischen Sender und Empfänger steht das Medium.
19 Vgl. *Günther Thomas* (1999, 208). Hier wird das Thema spezifiziert, und es finden sich hier weitere Literaturhinweise.
20 Vgl. *Günther Thomas*, (1999, 207–215).
21 Alle Altäre entstammen dem afroamerikanischen Kontext, Brasilien, Kuba, USA und folgen der kulturellen Tradition der Ethnien der Yoruba und Kongo.

Der Flaschenbaum aus Louisiana[22]
Bunt bemalte Plastikflaschen, bemalte Pfannen und ein alter Fernseher hängen an einem großen Baum, der durch seine Dekoration an einen Weihnachtsbaum erinnern kann. Die Gegenstände wurden hier wiederverwertet, recycled und mit anderen Wertigkeiten besetzt. Die Bedeutung, die sie an diesem Baum erhalten haben, ist nun folgende: Der Baum beschützt die Bewohner des Hauses mit Abwehrzauber. Die umherirrenden ruhelosen Geister, welche für die Bewohner ihren Frieden stören können, werden vom bunten Licht und Farben der Flaschen angezogen. Wenn sie in die Flaschen hineinschlüpfen, sind sie dort gefangen und können kein Unheil anrichten. Sie haben auch die Chance, sich hier in gute Geister zu transformieren und die Bewohner des Hauses zu beschützen.
Dieser Tradition liegt folgende Kosmologie zu Grunde: Der Kosmos ist bewohnt von einem Schöpfergott, dessen Kindern, den *orixás* und Ahnengeistern. Die Menschen kommunizieren und pflegen ihre Verhältnisse mit ihnen. Sie werden bei Festen ihnen zu Ehren mit Opfergaben gespeist. Ein reziprokes Verhältnis zwischen Menschen und Wesenheiten besteht, das zyklisch erneuert wird. Kosmische Harmonie besteht, wenn Menschen und Götter in Einklang sind, dann werden sonst gefährliche und bedrohliche Kräfte zu freundlichen Helfern.

Sarambanda-Altar in Kuba:[23]
In einem Holzhäuschen, geschmückt mit Pflanzen, steht der Altar des kubanischen Ahnengeistes *Sarambanda*. Der Altar im Häuschen ist eine Anordnung von diversen Metall- und Holzgegenständen, Muscheln und bunten Perlen. Auf dem Altar liegen Zigarren und Rumflaschen, Genussmittel, die er liebt, als Opfergaben für ihn. Der Ahnengeist gehört zur afrokubanischen Religion *Santeria*.
Sarambanda war ein ehemaliger starker Eisenbahnarbeiter mit rebellischem Charakter. Er ist nun ein mächtiger kämpferischer Beschützer der Menschen, die ihn verehren. Die Objekte auf seinem Altar weisen auf seine Kraft und daraufhin, dass er seine Feinde erstechen, erdolchen, fesseln und schlagen kann. Er beschützt die Menschen gegen die Feinde dieses Hauses.
Opfergaben, um die Seelen der Ahnengeister zu besänftigen: Essensgaben mit Schweinekopf als authentischem kubanischem Altar.[24]
Oya, der Totengott und die Totengeister erhalten beim Fest der Toten Essen als Opfergaben. Hiermit werden die Seelen der Geister zur Ruhe gebracht. Sie erhalten ihre Lieblingsspeisen, wie weißen Reis, schwarze und braune Bohnen, Kokosnuss, gekochtes Rindfleisch u.a. Die Angehörigen machen eine Prozession zu diesem Altar, an dem die To-

---

22 Vgl. *Thompson* (1993, 85).
23 Vgl. *Thompson* (1993, 299).
24 Vgl. *Thompson* (1993, 204).

ten niederkommen und in ihren Medien tanzen. Dieses Ritual wird begleitet von Trommelmusik und Gesang.
Was für einen Afroamerikaner »heilig« ist, nimmt möglicherweise für einen Europäer, einen Fremdling dieser Kulturen und Religionen einen anderen Stellenwert ein, vor allem, wenn es sich um Objekte oder Opfergaben handelt, denen kein göttlich goldener Glanz anhaftet wie vielen sakralen Gegenständen der sogenannten Hochreligionen.
Die gezeigten Fotos präsentieren eine andere »Ästhetik« als die unserer Kultur. Unsere ästhetischen Vorstellungen sollen nicht auf andere Gesellschaften projiziert werden. Nach Bourdieu[25] determinieren Sozialisation, soziale Lage, kulturelle Prägung und Subkultur die ästhetischen Wertungen in einer Gesellschaft. Dieser Auffassung folgend, lassen sich unterschiedliche ästhetische Vorstellungen innerhalb von und zwischen Gesellschaften erklären.
Religion, Darstellung und Analyse von Religionen müssen im kulturellen Kontext stattfinden. Religiöse Objekte, wie Altäre, sollen für europäische Betrachter nicht auf »sakralisierte Exoticas« reduziert bleiben, sondern können als »Objekte mit einer Biographie und einem Lebenslauf«[26] auf Hintergründe, Menschen, Kulturen, Gesellschaften und deren Aufbau verweisen. In diesem Kontext müssen Begriffe wie der des Synkretismus analysiert werden.

Teil 3: Die Beschreibung der »repetitiven bzw. ritualisierten Alltagskultur« mit Beispielen aus Berlin

Gibt es in unserer Alltagskultur heilige Orte, die von Einzelpersonen und Gruppen als solche definiert werden? Die Spezifizierung erfolgt anhand einiger charakteristischer Beispiele.[27]

Die Stätten zur Autopflege
In der Autowaschanlage erfährt das Auto besondere Zuwendung und Hingabe bei seiner regelmäßigen Reinigung. Es kann ein Kult- und Statusobjekt weit über seinen materiellen Wert und Nutzen hinaus sein. Bei den Waschungen der Blechkarossen offenbart sich manchmal eine besondere Hingabe und Liebe. Das Auto kann für manche Personen in der Statusbeschreibung und anhand ihrer benutzten Sprache mit einem Kultobjekt verglichen werden[28]. Es präsentiert gesellschaftliche

---

25 Siehe *Pierre Bourdieu,* (1985).
26 Vgl. *Ute Röschenthaler,* (1999, 81–103).
27 Die Beispiele habe ich gesammelt und möchte im Vorfeld klären, dass hier keine Pauschalisierungen stattfinden sollen, sondern die Beschreibungen aus dem, was mir einzelne Personen erzählt haben, Beobachtungen und unter Berücksichtigung von Literatur zu den Themen resultieren.
28 Vgl. Elvis-Presley-Altar (*Segré* 2001, 344).

Werte und gesellschaftliche Ideale. Beim Autowaschen identifiziert sich u. U. die jeweilige Person mit diesen kollektiven Werten. Das Auto kann zum Gegenstand der Verehrung stilisiert werden. Es wird ein emotionales Verhältnis zum Auto bzw. zu seiner Bedeutungszuschreibung eingegangen, die sich hier in repetitiven Waschungen ausdrückt.[29]

Die Fernsehecke
Die Fernsehkultur wird oftmals durch die Sprache in »heilige Sphären« erhoben: Die Fernsehecke nimmt auch in der deutschen Alltagskultur eine wichtige Funktion ein. Im privaten Raum fördert der Fernseher Vereinzelungen von Personen und ihren Rückzug in eigene von der Gesellschaft geprägte Phantasien. Der Symbolgehalt des Fernsehers ist abhängig von den individuellen Konsumenten und den unterschiedlichen gesellschaftliche Gruppen. Zwischen vielen Programmen kann eine Auswahl getroffen werden. Für viele Menschen ist er ein Ort der Information.
Mittels dieses Kultobjekts können auch Kommunikationen zwischen Menschen, Freunden, Familienmitgliedern stattfinden. Die Fernsehecke kann ein Ort der Erholung, aber auch der Flucht aus dem Alltag sein. Auch kurzzeitige Identifizierung mit anderen Personen, die man nicht sein kann, wie Held, Heldin, Prinzessin in Hollywood, dem Traum von einer heilen Welt sowie dem Traum davon, dass das Gute über das Schlechte siegt, und vieles andere mehr, kann hier geschehen. Affekte, Vergnügen und Unterhaltung werden hier kanalisiert.[30]

Wanddekoration mit Ahnenportraits
Wohnzimmer mit Ahnenportraits an der Wand über dem Sofa dekoriert, können an traditionelle Ahnenkulte erinnern. Dort werden Bilder mit Symbolgehalt behaftet, sie werden dann ins Unvergessene, ständig Präsente erhoben. Das folgende Beispiel dient der Darstellung, dass nicht alles, was den Schein hat, sakralisiert zu werden, von den betreffenden Personen als solches definiert wird.
Eine der interviewten Personen mit dieser Wanddekoration betreibt aus folgendem Grund Ahnenforschung: Sie soll seinem Ahnenforschungsverein zukommen, dort archiviert werden und seinen Kindern und Enkeln zugänglich sein. Seine Tätigkeit will in die Zukunft reichen und die reproduzierbaren Teile der Vergangenheit wie Fotos und Dokumente, z.B. Heirats- und Sterbeurkunden, festhalten, dokumentieren. Zudem beschäftigt er sich mit deutscher Geschichte, um die Vergan-

---

29 Ich will hier mit einbeziehen, dass manche Menschen ihr Auto einfach reinigen, weil es schmutzig ist, es für manche einfach nur ein Fortbewegungsmittel darstellt und Subkulturen Auto sowie Auto als Statussymbol ablehnen.
30 Siehe *Jutta Bernhard* (1999, 400–407).

genheit seiner Vorfahren zu erfassen. Seiner Ansicht nach ist der heutige Geschichtsunterricht der Schulen unzureichend.

Wohnzimmerdekorationen mit Plüschtieren und Puppen
Wohnzimmer werden entsprechend dem jeweiligen Schönheitsempfinden ihrer Bewohner gestaltet. Ich habe das Beispiel Kitsch herausgegriffen:
Kitsch, in den 60er Jahren des letzten Jahrhunderts mit der Bewertung billig, reproduzierbar, nicht authentisch, gegen das vorherrschende Geschmacksurteil, hat einen neuen Stellenwert bekommen. Sein Symbolgehalt ist jetzt für manche Personen: heile Welt bis hin zur »Heiligen Welt«. Preiswertes wird durch die Sprache in die Sphäre von Kostbarem erhoben, angereichert mit gesellschaftlich repräsentativen Werten.[31]

Wohnzimmer mit Reiseandenken dekoriert
Wohnzimmer sind Aufenthaltsorte. Sie sind privater Raum und zeugen vom individuellen Gestaltungs- und Schönheitssinn der Bewohner. Sie können einen besinnlichen Hintergrund zur Entrückung aus dem öffentlichen Alltagsleben darstellen.
Bei dem ausgewählten Beispiel verweisen die Objekte auf getätigte Ferienreisen wie chinesische Landschaftsmalerei-Bilder, Buddhastatuen und Tempeltänzerinnen. Reiseandenken sind Erinnerungsstücke, die für Bewohner Unterschiedliches bedeuten, z.B. Harmonie und Freiheit.[32] Für manche Personen können sie religiös inspiriert sein, diese suchen im Urlaub exotisch-religiöse Eindrücke mit fremder Ästhetik und ritueller Vielfalt.
Die Zeit des Reisens, die gleichbedeutend mit arbeitsfreier Zeit ist, kann in diesem Kontext als sakrale Zeit gedeutet werden, die des Nichtreisens, meist gleichbedeutend mit Arbeit, als profane Zeit.[33] Dies entspricht der Durkheim'schen Tradition, der die sakrale Zeit als nicht-alltägliche Erfahrung von der profanen Zeit unterscheidet und deren Wechselspiel betont.[34]

---

31 Vgl. *Lutz* (1999, 186–188). Hier werden weitere symbolische Zuordnungen beschrieben, und es finden sich hier weitere Literaturhinweise zum Thema.
32 Bei meinen Interviews waren diese Symbolisierungen herausragend.
33 *Graburn* (1977, 20) bezieht sich dabei auf das Modell von *Leach* (1961, 132–36), der hier Zeit in sakrale und profane einteilt, was er als wichtige Perioden des sozialen Lebens ansieht. Jede Festivität stellt einen Unterschied, eine zeitliche Veränderung zur normalen profanen Regelung dar. Von der sakralen Zeit wird wieder zurückgekehrt in die alltägliche profane Zeit. Das Jahr ist kalendarisch geprägt von kollektiven und individuellen Festtagen.
34 *Durkheim* (1912). Das ausgewählte Beispiel hat jedoch nicht für alle Personen Gültigkeit.

Schlafzimmerdekorationen
Sie sind nach dem Geschmack der jeweiligen Bewohner gestaltet. Sie können wie alle Bereiche des täglichen Lebens Symbole von Subkulturen beinhalten: Das Schlafzimmer kann ein Ort der Kontemplation, des Rückzugs, des Schutzes, der Geborgenheit, der Ruhe, der Erholung und des Schlafes sein. Für viele Personen wird es auch als Ort der Liebe beschrieben. Erhält das Schlafzimmer die Zuschreibung »Tempel der Liebe«, so wird es mittels der Sprache, des Vokabulars sakralisiert und aus der Alltagssprache und dem Alltäglichen entrückt.

All die aufgezählten Beispiele stammen aus nicht religiösen Lebensbereichen. Bei einer Analyse von »New-Age«-Altären,[35] welche Personen im privaten Bereich auf vielfältige Weise errichten, kommen die jeweiligen bevorzugten religiösen Vorlieben zur Sprache. Diese Altäre sind mit verschiedenen, vorwiegend individuell geprägten religiösen Konnotationen behaftet.

Teil 4: Zur Bedeutungszuschreibung der »Kunstaltäre«

Einen weiteren Bereich in unserer Alltagskultur stellen Kunstaltäre dar. Auch hier müssen sie jeweils für sich betrachtet und analysiert werden, da sie individuell geprägt sind und sie bei Personen verschiedene Assoziationen hervorrufen.

»Schneekönigin«– Der Versuch, den Hund von seinem Hundsein zu befreien. Ein »Kunstaltar« von Rolf Peters

Der Künstler Rolf Peters beschreibt seine Tätigkeit auch als Ritual. Für ihn ist seine Kunst religiös in dem Sinne, dass sie aus seinem innersten Wesen entspringt. Es ist ihm ein elementares Bedürfnis, die Dinge so zu gestalten, wie er es tun muss, er identifiziert seine Arbeit mit seiner Person. Sicherlich liegt seine Absicht nicht unbedingt ausschließlich darin, »Schönheit« zu erschaffen, doch ein ästhetischer Anspruch ist unverkennbar. Sein inneres Gefühl definiert er als seine kreative Antriebskraft, auf die er vertraut. Bei seiner Arbeit ist er im Einklang mit dem Kosmos. Geschehen lassen ist für ihn Religion. Es kostet ihn manchmal einen gewissen Aufwand, und er kann oft nicht ruhen, bis es vollzogen, gestaltet ist. Er beschreibt seine Tätigkeiten als Rituale, von anderen »Gesetzen« gesteuert.

Er sieht sich an keine Konfession gebunden. Kreatives Schaffen lässt ihn Heiligkeit fühlen. Es ist belanglos, ob ein Objekt, das er benutzt,

---

35 Der Begriff »New-Age« (Neues Zeitalter) fasst alle Vertreter neuer Religionsformen zusammen. Vgl. *Bochinger* (1994).

aus der Kategorie »profaner oder sakraler Bereich« stammt, diese Kategorien existieren für ihn nicht. Ein Hund hat für ihn im kreativen Schaffensprozess die gleiche Bedeutung wie ein Buddha für Buddhisten oder ein Engel für Katholiken. Er formiert sie nebeneinander, wie es seinem eigenen Gestaltungsdrang entspricht.
Er deutet grundsätzlich alle Tätigkeiten, die Menschen vollbringen, als religiös, wenn sie dem wahren Wesen des Menschen entsprechen und dies mit Hingabe geschieht. Schönheit an sich ist für ihn immer religiös, denn nur im göttlichen Ausdruck erscheinen Dinge schön. Am wichtigsten für ihn ist es, sein innerstes Wesen zu erfahren und zu leben.
Der Künstler verwendet religiöse Symbolik, d.h. er sakralisiert die Kunst,[36] entrückt sie damit aus der Alltagssphäre und gibt ihr somit eine besondere Bedeutung. Das Kunstwerk wird zum »Altar«. Dies kann ein »privater Altar« sein, wenn Betrachter hinzu kommen, wird der Kunstaltar öffentlich. Die Gegenstände werden von dem Künstler aus ihrem gewohnten Bereich herausgenommen, »frei gemacht« und in einen völlig neuen ungewohnten Bezug gestellt. Dem Betrachter ist es freigestellt zu assoziieren.[37]

Amerikanische Botschaft

Dieser Ort ritualisierter Kommunikation kann an einen Pilgerort erinnern. Während der ersten Tage nach dem Angriff auf das World Trade Center am 11.9.2001 in New York und das Pentagon in Washington drückten Berliner aller Konfessionen sowie ohne Konfessionen jeglichen Alters, Frauen, Männer und Jugendliche, hier ihre Anteilnahme und Betroffenheit aus. Kerzen wurden angezündet, Blumen niedergelegt und Beileidserklärungen in ein Kondolenzbuch eingetragen. Menschen, die sich sonst nicht kennen, aus völlig unterschiedlichen gesellschaftlichen Zusammenhängen, gaben ihren Gefühlen hierbei kollektiv einen Ausdruck.

Elvis Presley-Altar[38]

Aus alltäglichen Objekten, wie Photos und Schallplatten wird hier ein Starkult entwickelt. Dieser »Elvis-Presley-Altar« stammt aus dem Katalog der Ausstellung: ›Altäre dieser Welt. Kunst zum Niederknien‹, welche seit dem 2. September in Düsseldorf zu sehen ist. Segré beschreibt ihn wie folgt:
»Zahlreiche Fans von Elvis Presley haben irgendwo in ihrem Zuhause, egal wie groß die Wohnung oder das Haus ist, dem Sänger einen be-

---

36 Zur Sakralisierung von Kunst siehe *Lanwerd* (1999).
37 Zu diesem Phänomen vgl. *Schuster* (1999).
38 *Segré* (2001, 344–345).

sonderen Platz geweiht. Dort werden Poster, Plakate, Fotos und Schallplattenhüllen ausgestellt, sind Platten und Bücher untergebracht und befinden sich die zahlreichen Nippsachen mit dem Konterfei von Elvis – all jene Schätze, die die Fans sammeln und anhäufen ...«
Hier wird ein alltäglicher Ort mit Symbolen versehen, die eine Atmosphäre des »Außeralltäglichen« schafft.
Gewisse Gegenstände, mit denen der Star einst in Berührung gekommen ist, werden in den Rang sakraler Objekte erhoben und ganz besonders geachtet und außeralltäglich behandelt. Sie werden zu Reliquien. »Sie erreichen einen außerordentlich hohen monetären, symbolischen und emotionalen Wert.« Diese Gegenstände unterliegen einem Wandel, »nicht aber in ihrer materiellen, sondern in ihrer sozialen Natur. Sie lösen Neid aus, bringen beachtliche finanzielle Opfer mit sich und entfesseln Leidenschaften«, so Pierre Bourdieu nach Segré.[39]
»Als Gegenstände einer besonderen Fürsorge, der Verehrung und Anbetung, die emotional und religiös aufgeladen sind, haben diese Reliquien das Recht auf ein rigoroses, förmliches und öffentliches Schutzsystem«.
Sie sind, so der Besitzer der Gegenstände, mit Tabus behaftet, der Kontakt bzw. Unterlassung des Kontaktes mit ihnen wird geregelt, nicht jeder darf sie berühren, Familienmitglieder und Besucher dürfen sie erst auf Nachfrage, wenn überhaupt anfassen.
Segré (2001, 345) beschreibt die Funktionen und Bedeutungen dieser »Elvis-Ecken« wie folgt:
»Sie zeugen von Liebe und Hingabe der Fans, sie begünstigen die Entstehung einer eigenen Kommunikationsform mit dem verstorbenen Sänger und machen ihn gleichzeitig zum besonderen Mitglied der Familie, das wie jedes andere Familienmitglied auch sein eigenes Zimmer besitzt. Diese Orte tragen zur Bestätigung seines Status als Elvis-Fan bei – in seinen eigenen Augen, in denen der anderen und in den Augen von Elvis selbst. Sie stellen eine Art Opfergabe dar, wobei der Fan einen Teil seines Lebensraums Elvis zum Geschenk macht«.
Hier ist funktional eine Ähnlichkeit zur »traditionellen Altarkultur« beschrieben, eine ritualisierte Kommunikation ist mittels Sprache innerhalb einer Subkultur entstanden, die in »religiöse Sphären« verweist.
Alle Personen, welche Objekte wie die beschriebenen in ihrem Umfeld installiert haben, betonen, dass sie diese schön finden, dass sie Freude haben, ihre Umwelt nach ihrem Schönheitsempfinden zu gestalten. Was sie für den Einzelnen symbolisieren, ist individuell, für viele sind sie frei von religiösen Konnotationen, auch wenn sie optisch Altären ähneln können. Personen identifizieren sich mit ihrem räumlichen Um-

---

39 Vgl. *Segré* (2001, 345).

feld.[40] Sie können individuell Verschiedenes symbolisieren. Es werden hier oftmals unverbindliche Handlungen ausgeführt, die sich stark von Ritualen traditioneller Gesellschaften unterscheiden.
Zum Teil handelt es sich um Privatsphären, zum Teil um öffentliche Orte verschiedenster Art. Hier findet eine Kommunikation statt, die Normen, Werte und Ideale der Gesellschaft widerspiegelt.[41] Diese sind u.a. auch schichtspezifisch unterschiedlich.
Ich habe hierzu bewusst keine konfessionsgebundenen Orte ausgewählt, deren ritueller Charakter den afroamerikanischen Altären in dem Sinne vergleichbar wäre, dass es sich um institutionalisierte Räume,[42] d.h. Kirchen und Kultstätten handelt, in denen kollektive Rituale von Gemeinschaften von Menschen verrichtet werden, wie z.B. im Christentum.
Die von mir ausgewählten Plätze aus der Alltagskultur sind primär frei von jeglicher religiöser Konnotation. Die Objekte entstammen der Alltagswelt.
Es kann folgendes mit ihnen geschehen:
Ein Kultobjekt erfährt die Zuschreibung heilig.[43] Dies ist gleichbedeutend mit ganz besonders wertvoll, kostbar, unersetzlich und kann auch authentisch, rein im Gegensatz zu billig und unrein bedeuten. Durch Sprache, einem bestimmten Vokabular aus der religiösen Sphäre wird ein Objekt der Alltagssphäre entrückt und mit höheren Bedeutungen versehen. Was passiert, wenn religiöse Sprache verwendet wird? Die Objekte werden hiermit in den Bereich der Inkommunitabilität gerückt, aus dem Bereich der Kommunikation erhoben.[44]
In dieser Weise werden Hierarchisierungen von Orten, von Zeiten und von Räumen vorgenommen. Diese erfahren eine neue Bedeutungszuschreibung, werden neu definiert. Hiermit kann auch eine Tabuisierung einhergehen, ein festes Regelwerk mit Gesetzen, Geboten und Verboten, durch welche die Gegenstände, Räume und Zeiten entrückt werden, aus dem alltäglichen Bereich enthoben. Die hier vollzogene Sakralisierung schafft neue Bedeutungszuschreibung von heilig im Gegensatz zu profan.[45] Dies gibt sozialen Räumen, Objekten und Zeiten neue Wertigkeiten.
Die städtische Gesellschaft,[46] aus denen mein Photomaterial stammt, setzt sich aus einem »Patchwork an Identitäten« zusammen,[47] der städ-

---

40 Vgl. *Halbwachs* (1985, 127–156).
41 Vgl. *Mary Douglas* (1970).
42 Vgl. *Zinser* (1997).
43 Vgl. *Phillips* (1997).
44 Vgl. *Kamel* (2001).
45 Nach *Emile Durkheim* (1981).
46 Die Stadt kann kaum als Gesamtheit erforscht werden. Vgl. *Waltraud Kokot* (1991, 1–12).
47 Ich beziehe mich hier auf *Keupp* (1999).

tische Raum umfasst diverse, von mir als »Subkulturen« bezeichnete Gruppen. Dies ist vergleichbar mit den »aspartial communities« nach Welz, die wie folgt definiert werden:
»Eine raumgebundene Gemeinschaft, an der Menschen partizipieren, die verstreut über viele Teile einer Stadt leben, aber durch einen gemeinsamen (sub)kulturellen Zusammenhang – sei er ethnisch, sozioökonomisch, beruflich, religiös oder anderswie – verbunden sind.«[48]

Teil 5: Resumé

Der Begriff des Rituals umfasst religiöse Bräuche und beschreibt religiöse Handlungen, die einem festgeschriebenen tradierten Regelwerk unterliegen. Sein inflationärer Gebrauch, die Übertragung auf repetitive Alltagshandlungen, macht den Begriff nichtssagend. Von ritualisierter Alltagskultur kann gesprochen werden, wenn repetitive Handlungen mit religiösen Konnotationen versehen werden. Ritualisierte Kommunikation wäre dementsprechend eine Kommunikation, die mit Symbolik aus der transzendenten Ebene angereichert wird.
Kunstwerken kann religiöse Bedeutungen zugeschrieben und Alltagsästhetik mit religiöser Symbolik beladen werden. Verschiedene Beispiele haben dies verdeutlicht: Schlafzimmer werden zum Hochaltar der Liebe stilisiert. Ferienorte können als heilige Orte angesehen werden, Ferienzeit wird zum Teil als sakrale Zeit bzw. magische Zeit[49] gedeutet. In diesem Kontext können Orte, die identitätsstiftend und -erhaltend sind,[50] mit religiösen Inhalten beladen, sakralisiert werden oder auch mit ästhetischen Objekten versehen, verschönert werden. Diese unterliegen dem Schönheitssinn, der gesellschaftlich, kulturell und sozial geprägt ist. Der »Zeitgeist« spiegelt sich in ihnen wieder. Ihr Symbolgehalt wird unterschiedlich definiert: Was für den einen unserer Kultur schön ist, kann für den anderen hässlich sein. Die Sinnstiftung jeweils hat individuelle Konnotationen und ist durch ästhetisches Empfinden von Subkulturen geprägt.
Die Macht des Wortes zeigt sich auch in der Werbung. Religiöses Vokabular wird eingesetzt, um Produkte zu vermarkten, z.B. »Reisen sie ins magische Bahia«. Produkte wie z.B. Parfums lassen sich durch Verwendung von religiösem Vokabular gut verkaufen. Die Sprache wird hier instrumentalisiert. Mit den Parfums wie »Angel« oder »Magic« wird die Assoziation von etwas »Heiligem«, Unantastbarem, Perfekten und Geheimnisvollen hervorgerufen.
Die Betrachtung von Kunst und religiöser Kunst kann ästhetischen Genuss oder Verzücken hervorrufen. Für Angehörige des Glaubens ist

---

48 *Gisela Welz* (1991, 37).
49 Vgl. *Pantke* (1997, 136).
50 Vgl. *Halbwachs* (1985, 127–163).

religiöse Kunst mit religiösen Inhalten beladen, mit heiligen Kräften versehen und mit Tabus und Verhaltensregeln behaftet. Für Personen, welche dem Glauben nicht angehören, können es Kunstwerke sein, die sinnliche Empfindungen hervorrufen, z.B. die Heilige Familie als Symbol für Harmonie oder ein Engel als Symbol für Freiheit und Leichtigkeit. Die Sprache formt das Objekt zum Kultobjekt.

Bei afroamerikanischen Altären errichten Personen in ihrem Privatbereich Altäre, die individuell geprägt sind, jedoch religiös und kulturell genormter Kosmologie entsprechen. Demgegenüber sind die Altäre des Christentums ganz klar an institutionellen Raum wie Kirchengebäude gebunden. In anderen Bereichen unserer Kultur prägt die Sprache und Kommunikation altarähnliche Orte und Objekte und Kunstaltäre. Private New-Age-Altäre bilden einen Sonderbereich, der eine starke individuelle Prägung aufweist.

Altäre wie Religionen können in ihren Ausdrucksformen sehr unterschiedlich sein. Doch es ist ein Gebot der Toleranz, unterschiedliche religiöse und kulturelle Ausdrucksformen zu respektieren. Denn nur durch Toleranz und gegenseitigen Respekt ist ein Zusammenleben aller Menschen in einer globalisierten Welt möglich.

Literatur

Bernhard, Jutta
1999: Medien (400–407), in: Metzler, Lexikon Religion Bd. 2., hg. von *Auffarth/Bernhard/Mohr*, Stuttgart/Weimar.
Bochinger, Christoph
1994: »New-Age« und moderne Religion. Religionswissenschaftliche Analysen, Gütersloh.
Bourdieu, Pierre
1985: Sozialer Raum und »Klassen«. Leçon sur la leçon, Frankfurt a.M.
Douglas, Mary
1970: Natural Symbols, London.
Durkheim, Émile
1981: Die elementaren Formen des religiösen Lebens, Frankfurt a.M. (Original 1912, Paris).
Erikson, Erich
1959: Identität und Lebenszyklus. Frankfurt a.M.
Estel, Bernd
1993: Identität (207–210). Im Handwörterbuch religionswissenschaftlicher Grundbegriffe Bd. III, hg. von *Cancik/Gladigow/Kohl*, Stuttgart/Berlin/Köln.
Geertz, Clifford
1997: Dichte Beschreibung, Frankfurt a.M. (Original 1983).
Gennepp, Arnold van
1987: Übergangsriten, Frankfurt a.M. (Original 1909).

Goody, Jack
1977: Against »Ritual«: Loosely Structure Thoughts on a Loosely Defined Topic, in: Secular Rituals, hg. von *Sally F. Moore / Barbara G. Meyerhoff*, Assen: Van Gorcum.

Greifeld, Katarina
1995: Einführung in die Medizinethnologie (11–30), in: Ritual und Heilung. Eine Einführung in die Ethnomedizin, hg. von *Pfleiderer/Greifeld/Bichmann*, Berlin.

Graburn, Nelson, H.H.
1977: Tourism: The Sacred Journey (17–31), in: *Valem Smith* (Hg.), Hosts and Guests, Pennsylvania.

Halbwachs, Maurice
1985: Das kollektive Gedächtnis (127–156), Frankfurt a.M..

Houseman, Michael
2001: Was ist ein Ritual (48–51), in: Altäre dieser Welt. Kunst zum Niederknien, hg. von *Martin, Jean-Hubert, Luque, Lüthi, Peltier, Syring*, Düsseldorf.

Kamel, Susan
1999: Wie das Unsichtbare darstellen: Vermittelbarkeit von Religion im Museum am Beispiel des St. Mango Museum of Religions Life and Art. Unveröffentlichte Magisterarbeit an der Freien Universität Berlin, Institut für Religionswissenschaft.
2001: bisher unveröffentlichter Vortrag: »Museen als Agenten Gottes« gehalten am 28.9.2001 auf der Tagung der Deutscher Religionsgeschichte, »Popularisierung und Medialisierung von Religion«, Leipzig.

Keupp, Heiner
1999: Das Patchwork der Identitäten in der Spätmoderne, Reinbek b. Hamburg.

Köpping, Klaus–Peter / Rao, Ursula
2001: Im Rausch des Rituals. Gestaltung und Transformation der Wirklichkeit in körperlicher Performanz, Münster/Hamburg/London.

Kokot, Waltraud
1991: Einleitung. In Ethnologische Stadtforschung: Eine Einführung (1–12), hg. von *Kokot/Brommer*, Berlin.

Kümmel, Albert
1997: Mathematische Medienlehre (205–236), in: Medientheorie. Eine Einführung, hg. von *Daniela Kloock / Angela Spahr*, München.

Lanwerd, Susanne
1999: Kunstreligion (300–302), in: Metzler Lexikon Religion Bd. 2., hg. von *Auffarth/Bernhard/Mohr*, Stuttgart/Weimar.

Leach, Edmud R.
1961: Rethinking Anthropology, London.

Lutz, Bernd
1999: Kitsch (186–188), in: Metzler Lexikon Religion Bd. 2., hg. von *Auffarth/ Bernhard/Mohr*, Stuttgart/Weimar.

McLuhan, Marshall
1992: Die magischen Kanäle. »understanding media«, Düsseldorf/Wien.

Mörth, Ingo
1993: Kommunikation (392–414), in: Handbuch religiöser Grundbegriffe Bd. III, hg. von *Cancik/Gladigow/Kohl*, Stuttgart/Berlin/Köln.

Pantke, Christiane

1997: Favelas, Festas und *candomblé*. Zum interkulturellen Austausch zwischen Afrobrasilianern und Touristen im Rahmen kultischer und profaner Festveranstaltungen in Salvador da Bahia, Microfiches, Ketsch.

Philips, David
1997: Exhibiting Authenticy, Manchester.

Röschenthaler, Ute
1999: Of Objects and Contexts: Biographies of Ethnographica (81–103), in: Journal de Africanistes 69 (1) 1999.

Schuster, Marina
1999: Bildende Künstler als Religionsstifter (275–287), in: Kunst und Religion, hg. von *Faber, Richard / Krech, Volkhard*, Würzburg.

Segré, Gabriel
2001: Der Elvis Presley-Altar (344–345), in: Altäre dieser Welt. Kunst zum Niederknien, hg. von *Martin, Jean-Hubert, Luque, Lüthi, Peltier, Syring*, Düsseldorf.

Shannon, Claude / Weaver, Warren
1976: Mathematische Grundlagen der Informationstheorie, München.

Thomas, Günter
1999: Kommunikation (207–215), in: Metzler Lexikon Religion Bd. 2, hg. *von Auffarth/Bernhard/Mohr*, Stuttgart/Weimar.

Thompson, Farris Robert
1993: Face of the Gods. Art and Altars of African Americas, New York.

Turner, Victor
1989: Das Ritual. Struktur und Antistruktur, Frankfurt a.M.

Welz, Gisela
1991: Die Abgrenzung von Untersuchungseinheiten in der amerikanischen Stadtforschung (29–43), in: Ethnologische Stadtforschung: Eine Einführung, hg. von *Kokot/Brommer*, Berlin.

Wahrig Fremdwörterlexikon 1995.

Zinser, Hartmut
1997: Der Markt der Religionen, München.

DIETER KORCZAK

Schön, selbstbewusst, ästhetisch:
Über die rituelle Bedeutung von Haaren

»Ich weiß nicht, was soll es bedeuten,
dass ich so traurig bin;
Ein Märchen aus alten Zeiten,
das kommt mir nicht aus dem Sinn.

Die Luft ist kühl und es dunkelt,
und ruhig fließt der Rhein;
der Gipfel des Berges funkelt
im Abendsonnenschein.

Die *schönste* Jungfrau sitzt
Dort oben wunderbar,
Ihr goldenes Geschmeide blitzet,
sie kämmt ihr *goldenes Haar*.

Sie kämmt es mit goldenem Kamme,
und singt ein Lied dabei;
das hat eine wundersame,
gewaltige Melodei.

Den Schiffer in kleinem Schiffe
Ergreift es mit wildem Weh;
Er schaut nicht die Felsenriffe,
er schaut nur hinauf in die Höh.

Ich glaube, die Wellen verschlingen
Am Ende Schiffer und Kahn;
Und das hat mit ihrem Singen
Die Lorelei getan.

(Heinrich Heine, Die Heimkehr 2. Strophe 1823–24)

Schön, selbstbewusst, ästhetisch: die deutsche Ur-Blondine Lorelei. Sie kämmt ihr Haar und singt dabei. Verführt die Männer, raubt ihnen den Verstand, stürzt sie ins Unglück. Es wogt und wallt, es glitzert und

funkelt, nicht nur im 19. Jahrhundert bei Heinrich Heine, sondern auch heute bei der Hitproduzentin Madonna, dem Laufstegwunder Claudia Schiffer, der Beach-Nixe Pamela Andersen oder Catwoman Michelle Pfeiffer. »*Was will man kämmen, wo kein Haar ist.*«
Die Menschen sind »Haartiere«, so steht es im Brockhaus Konversationslexikon von 1898. Die Haare sind es, die bei der heiß-kalten Frau, beim dressierten Mann an unsere animalische Vergangenheit erinnern. Alle Heroinnen der Bühnen- und Filmgeschichte warfen und werfen mit gekonntem Schwung ihre Mähnen wie ungezähmte Wildpferde. So wie Göttinnen auch nie kurze, sondern immer lange Haare tragen.
Haare sind aufs engste mit *erotischen Gefühlen* verbunden. Der menschliche Körper ist gänzlich behaart, aber nur am Kopf, unter den Achseln, an den Genitalien und bei den Männern im Gesicht ballen sich die Haare. Zahlreiche Künstler – wie Rene Magritte, Gustav Klimt, Lucas Cranach, Tizian, Edvard Munch, Egon Schiele – pointieren das weibliche Haupthaar und Schamhaar. Seh' ich das Haupthaar', denk ich ans Schamhaar. Die gleitenden Bewegungen beim Kämmen des Haupthaares rufen das gleiche Wohlgefühl hervor wie das Streicheln eines Tierfells. Dieses Gefühl ist in unseren Genen abgespeichert, seit der Zeit, als wir Fellwesen, Haartiere, wie unsere Verwandten, die Schimpansen und Gorillas, waren.
Haare in Bewegung sind auch deshalb erotisch, weil sie *Jugend* manifestieren. Bis zu seinem 25. Lebensjahr hat kaum ein Mensch, ob Mann, ob Weib, Probleme mit der Fülle und der Farbe seines Haares. Die Haare sind, wenn auch manchmal fein, doch in der Regel voll und in sattem Schwarz, Braun, Rot oder Blond. Schütteres, lichtes, graues oder gar schlohweißes Haar steht für Alter, den Verlust der Jugend und in früheren Zeiten für den Zuwachs an Weisheit. Selbst heute trägt das Genie graue, aber volle Haare, siehe Einstein, Albert Schweitzer, Leonard Bernstein, Karl Lagerfeld.
Glatzen jedoch signalisieren entweder innere Größe oder bodenlose Dummheit. Innere Größe dann, wenn man dem zunehmenden Verfall der einstigen Haarpracht und dem Entschwinden des jugendlichen Images mit einer klaren puristischen Entscheidung begegnet. Das »Ja« zur Glatze ist dann gleichzeitig ein »Nein« zu allen Halbherzigkeiten, zur Heinz-Mägerlein-Tolle, zum Kinderflaum auf Altherrenkopf. Bodenlose Dummheit jedoch, wenn der kahle Kopf Weltanschauung symbolisieren soll. »Haare ab!« ist schon immer der Befehl der Macht gewesen. Soldaten, Skinheads, Gefangene werden geschoren zur Domestizierung und Demütigung. Sklaven in der Antike durften kein langes Haar tragen. Buddhistische Mönche sind kahl, weil sie sich völlig der göttlichen Macht unterordnen. Wer nur aus Modegründen Glatze trägt, hat nicht genügend nachgedacht.
Denn Haare sind auch ein Zeichen der *Freiheit* und *Stärke, der männlichen Aggressivität.* Samson (*hebräisch: shemesh = Haar*) verlor sei-

ne sagenhafte Kraft, als ihm Delilah nächtens das Haar raubte. Die Wikinger trugen ihr Haar lang als ein Zeichen männlicher Würde und Freiheit; entehrt war, wem zur Strafe das Haupthaar gekappt wurde. Als Ludwig Ehrhard die formierte Gesellschaft zum Ideal ausrief, erfolgte postwendend der Protest der Hippie-Power-Flower-Bewegung, der »Langhaarigen« eben. Das erste und einzige je zum Thema Haare verfasste Musical »Hair« wurde zu dieser Zeit geschrieben, als die Freiheits- und Aufbruchsstimmung im 20. Jahrhundert am größten war.

II.

Kurze Haare kann man nicht flechten, zu kunstvollen Haargebinden verzieren. Die kunstvolle Anordnung des Haupthaares ist daher zu jeder Zeit, bei allen Völkern und bei beiden Geschlechtern gang und gebe gewesen.
Die Mode erhob sich dabei über alle genetischen Dispositionen. Das wollige, negroide Haar dominiert alle anderen Haartypen. Das krause Haar ist stärker als das lockige, dieses wiederum setzt sich bei dem welligen durch, und das wellige dominiert das glatte Haar. Tapfer haben sich seit allen Zeiten Männlein und Weiblein über diese genetischen Ist-Vorgaben hinweggesetzt. Die Mode schwankte dabei zwischen kräuseln, scheiteln und wallen lassen.
Die alten Ägypter kräuselten es, die alten Hebräer ließen es wie die Germanen offen herabwallen, die Kelten banden es am Hinterkopf zusammen, afrikanische Stämme türmen es auf. Die attischen Knaben widmeten beim Eintritt in das Ephebenalter (18jährig) ihr langes Haar dem Gott Apoll. Die griechischen Frauen trugen das Haar gescheitelt über die Schläfen und am Hinterkopf in einem Netz oder verknotet. Die römischen Senatoren trugen aus Altersgründen kurzes Haar (Tituskopf), auch um sich von den Barbaren (= Germanen etc.) abzuheben. Im Hochmittelalter drehten die Männer ihr Haar zu Locken, und die Frauen flochten das Haar mit Bändern in Zöpfe. »*Krause Haare, krauser Sinn*«.
Die Perücke, feierlicher Stilisierungswille und pseudomonumentales Potenzmerkmal des 17. Jh. gleichermaßen, war schon bei den alten Ägyptern bekannt. Zu Beginn des 18. Jh. kamen Zopf (in Deutschland) und Haarbeutel (in Frankreich) in Mode. Die französische Revolution machte beidem ein Ende, aber auch der »egalite des cheveux«. Die Männer tragen seitdem bevorzugt kurz geschnittene Haare, während die Frauen als Opfer der jeweiligen Mode alle Varianten der Vergangenheit ausprobieren.
Die männlich kurzen Haare der beginnenden Industrialisierung signalisieren auch: Mit dem Spaß hat es jetzt ein Ende. Das nur Gott, den

Geistern und Genüssen gewidmete Leben ist vorbei, jetzt wird es ernst, praktisch und funktionell.

Von diesem Schock hat sich die männliche Haarmode nie erholt. Verglichen mit dem Variantenreichtum der Jahrhunderte zuvor produziert der moderne männliche Kopf nur Langeweile. Noch immer werden die Haare in Fasson geschnitten, auch der berühmte Vo-Ku-Hi-La (= vorne kurz, hinten lang) hat die deutschen Lande noch nicht verlassen. Zu besichtigen sind derzeit Strähnchen, eingeklebte Zöpfchen, dünn bis allerdünnste Pferdeschwänzchen, vor allem aber kurze Yuppie- oder Fit-for-fun-Haarschnitte.

Bei den Frauen tobt sich immer noch der Denver- und Dallas-Clan aus, gegenwärtig bunt zu besichtigen in der neuen deutschen Begum-Thyssen. Dieser Frisurtyp hat immense Vorteile. Dank der Produkte der Haarindustrie und der plastischen Kosmetik können Mütter und Töchter wie (Zwillings-)Schwestern aussehen. Langt es mangels Haarmasse nicht zum Barbiepuppenverschnitt, steht jeder Frau als haarige Alternative kurz, wild und schmutzig, sprich: spice girlish, zur Verfügung.

III.

Haare und Nägel haben seit jeher das Mystische in uns fasziniert. Sie sind die einzigen körperlichen Organe, die obwohl abgeschnitten, sinnbildlich: kastriert, wieder wachsen. Sie verkörpern dadurch die ewige Jugend, den Jungbrunnen, die Vitalität, die körperliche und sexuelle Kraft.

In fast allen bekannten frühen Kulturen stellt die Sonne die erste und höchste Gottheit dar. Kein Wunder, denn sie wärmte die Steinzeitmenschen, brachte das Licht und hatte Haare!!! Wenn die Sonne aufgeht oder hinter einer Wolke verschwindet, dann ist sie von einem Strahlenkranz umgeben, der dem naiven menschlichen Auge als Haar erscheint. So wird in dem heiligen Buch der Hindus (»Rig-Veda«) der Sonnen-Gott als »brilliante Sonne mit flammendem Haar« beschrieben. Der ägyptische Gott *Ra* hatte goldene Locken, ebenso wie Helios (Rhodos), Apollon (Attika) oder Quetzalcoatl (Mexico).

In den alten Legenden taucht noch ein weiteres Motiv auf: das der sexuellen Abenteuerlust. Der assyrische Held/Gott Gilgamesh, das sagenumwobene Vorbild für Samson und Herkules, erkrankt an einer Geschlechtskrankheit, die seine Haare ausfallen lässt. Nanahuatl hieß bei den Azteken der Sonnengott, es bedeutete aber auch »von einer Geschlechtskrankheit befallen«.

Die nordamerikanischen Indianer glaub(t)en, dass das Haar die Seele beherberge. Sie mussten ihre Feinde skalpieren, um zu verhindern, dass die Seele entfliehen und sich an ihren rächen konnte. Behielten sie den Skalp des Feindes, erhöhte sich ihre eigene magische Kraft.

Menschen statten ihre Götter mit den Attributen aus, die sie bei ihren Nächsten am meisten bewundern. Zeus und Poseidon, Jupiter und Neptun, Thor und Odin, sie tragen Bärte und lockiges Haar, haben enorme Körperkraft, sexuellen Drive und magische Macht. Götter haben Haare, Haare sind göttlich!!!
Übernatürliche Kräfte sind jedoch nie in der menschlichen Vorstellung ausschließlich mit »dem Guten« verknüpft. So wie zur Sonne der Mond, zum Licht das Dunkel, so gehört das Böse zum Guten. Haare und Krallen kennzeichnen auch Teufel und Hexen, Vampire, Werwölfe und andere böse Dämonen.
Medusa, einst wunderschön mit prächtigem Haar, konnte auch der Meeresgott Neptun nicht widerstehen. Er verführte sie, sie verführte ihn im Tempel der Göttin Minerva, die daraufhin die Haare der Medusa in ein Schlangenhaupt verwandelte. Der Talmud berichtet, dass die bildhübsche Lilith mit ihrem wunderschönen Haar nachts als Dämon den Schlafenden erscheint – und er erklärt damit feuchte Träume und nächtliche Erektionen. Womit wir wieder bei der Lorelei angelangt wären. Die Nymphen und die Meerjungfrauen betören und verführen die Männer mit ihren langen Mähnen, Haare sind teuflisch!!!
Die übernatürliche Kraft, die dem Haar zugeschrieben wird, begeisterte und ängstigte die Menschen durch die Jahrhunderte. Das Haar verkörpert das Unbewusste in uns. Wir können sein Wachstum nicht kontrollieren, so wie wir die Triebe und Abgründe unserer Seele und unserer Gefühle nicht im Griff haben.

IV.

Zuflucht sollen Taboos liefern, die das Waschen und Schneiden der Haare regeln. Die Maoris glauben, dass das Schneiden der Haare Blitz und Donner hervorruft. Haare und Nägel des Mikados (Japanischer Kaiser) werden nur im Schlaf geschnitten – weil dann die Seele nicht im Körper ist und deshalb auch nicht gestört wird. Am Sabbath ist das Haare schneiden nicht gestattet, und heutzutage regeln die Mondkalender und -phasen die günstigen und ungünstigen Tage fürs Haare- und Nägelschneiden.
Wer nicht schneidet, liefert seinen Feinden auch keinen Fetisch. Nicht nur die Mütter der Neuzeit heben die erste abgeschnittene Locke ihrer Kinder als Glücksbringer auf, sondern Haare sind ein universeller Fetisch bei allen Naturvölkern. Die Wanyoro (zentralafrikanischer Stamm) sammeln ihre abgeschnittenen Haare und Nägel unter ihren Betten und vergraben sie dann in hohem Gras. Die Chilotes (südchilenische Indianer) werfen jedes Haar, das sie von einem Feind ergattern können, von hohen Bäumen oder von Felsklippen ins Meer, weil sie glauben, dass dieser Schock sich auf den früheren Besitzer des Haares überträgt. In

Rom waren beispielsweise die Jupiterpriester verpflichtet, ihre Haare und Nägel unter einem Obstbaum zu vergraben.

Haare und Nägel haben auch einen hohen Ruf als Liebeszauber. Das eigene Haar um einen Kleiderknopf des/der Geliebten gewickelt, bindet das Objekt der Begierde. Die eigenen Haare und Nägel im Pudding verarbeitet, steigern nach jüdischer Tradition den Liebeshunger des Speisenden. Der Volksmund sagt: »*Ein Frauenhaar zieht stärker als ein Glockenseil*«.

Der deutsche Neurologe Dr. Krafft-Ebing (1840–1902) hat zahlreiche Formen sexueller Verirrung beschrieben, in denen Haare als sexueller Fetisch benutzt wurden. In einem dieser Fälle fand der Patient größtes Vergnügen daran, seinen Sexualpartnerinnen mit den Zähnen Haare aus dem mons veneris abzubeißen. Er besaß eine Kollektion solcher Haare und befriedigte sich bei Bedarf durch das Kauen der Haare sexuell. Krafft-Ebing beschreibt auch mehrere Fälle, in denen das Schneiden der Haare bereits den sexuellen Genuss ausmachte. Der mit großem Erfolg vor zwei, drei Jahren gezeigte französische Spielfilm »Der Mann der Friseuse« greift dieses Bedürfnis abendfüllend auf.

In diesem Film wird auch die andere Seite des Haarraubes deutlich, der rituelle Teil romantischer Liebe, die Haarlocke als träumerisches Unterpfand des/der Angebeteten. Haar eignet sich deshalb so hervorragend für Schwärmereien, weil es – anders als zum Beispiel Fingernägel- alle sinnlichen Empfindungen anspricht. Es hat Farbe, Form, Glanz, ist stofflich und duftet, es hat eine magische Aura und steckt voller Symbole. Haare erwecken den Poeten in jedermann und lassen Worte über die Lippen perlen wie schweben, fließen, glänzen, strömen, kräuseln, wogen, wallen, wehen, schütteln.

V.

Die Poetik des Haares ist ungebrochen. Es gibt kaum ein Thema, über das sich Frauen ausdauernder unterhalten können als über Haare. Haare sind aber nicht nur Poesie. Volles, schimmerndes Haar ist auch eine Metapher für Gesundheit. Wenn die Haarwurzeln nicht mehr richtig versorgt werden, wenn die Fähigkeit der Haarzellen abnimmt, sich zu regenerieren, wenn das Haar durch Stress, Krankheit, Medikamente oder Umwelteinflüsse ausfällt, wenn die Nägel schartig und brüchig werden, dann sind das sichtbare Zeichen, dass es einem nicht gut geht. Fühlt man sich nicht wohl, kann man den Widrigkeiten des Alltagslebens nicht mehr angemessen begegnen, das Selbstbewusstsein sinkt. Trauernde Menschen und traurige Menschen können oft an ihrem stumpfen, strähnigen Haar erkannt werden. Ist der Glanz aus dem Leben genommen worden, glänzt auch das Haar nicht mehr.

Gesundheit und das Gefühl von Vitalität stärken dagegen das Selbstbewusstsein. Doch es ist nicht damit getan, das Haar durch stundenlanges Föhnen und Stylen in die richtige Form zu bringen – auch wenn dies in vielen deutschen Haushalten eine der wesentlichsten hygienischen Maßnahmen ist. Denn zu oft entsteht der Eindruck, dass in Deutschland die Ästhetik am Kopf beginnt und dort aufhört. Zwar ist der Kopf rund, aber der Dadaist Picabia hat schon treffend bemerkt, dies diene lediglich der Tatsache, dass das Denken seine Richtung ändern kann.

Die Finger und die Füße sind mit Sicherheit die am meisten vernachlässigten Antennen unserer Sinneswahrnehmung. Mit unseren Händen ertasten und erfahren wir die Welt. Wir gestalten sie damit auf dem Bauernhof, in der Montagehalle, am Computer und an vielen anderen Orten. Die Füße haben uns den aufrechten Gang beschert. Sie sind unser zentrales, autonomes Bewegungsinstrument und gleichzeitig die Säulen unserer Statik.

Gepflegte Finger- und Fußnägel sind ein Dokument für die ästhetische Bewältigung dieser Aufgaben. Denn alle extremen Außenbereiche unseres Körpers, die in die Welt hineinragen, haben den gleichen Anspruch an Sorgfalt. Hände und Finger sind deshalb nicht nur Arbeitsinstrumente, Füße und Zehen nicht nur Bewegungsapparate, sondern auch Ausdruck der Liebe, Akzeptanz und Sorgfalt, mit der wir uns selbst begegnen. In körpernäheren und sinnlicheren Kulturen als der deutschen hat die Anmut, die Grazie von Hand- und Fußbewegungen einen vergleichbaren symbolischen Stellenwert wie der Schwung der Haare. Schlecht gepflegte Hände und Füße sind in Indien solche »No-no's« wie in Lateinamerika Achselhaare.

Die sichtbare Ignoranz den Nägeln gegenüber lässt sich erneut mit der Angst vor dem Animalischen, dem Triebhaften in uns erklären. Menschliche Finger- und Zehennägel sind die Überbleibsel von Tatzen und Klauen, die krallen und kratzen. Etwas Wildes, Dunkles, Schmutziges schwingt in diesen Worten. In der Tat, Finger- und Zehennägel sind häufig schmutzig. Schwarze Ränder, Trauerränder unter den Fingernägeln waren die Siegelringe der Arbeiter- und Bauernklasse. Der feine Herr, die edle Dame trugen Handschuhe aus weichem Wildleder für zarte, manikürte Hände. Maniküre steht für verfeinerte französische Lebensart und für Handpflege. Diese ist ein Gebiet, das im Nachkriegsdeutschland vor allem Spülmitteln und Kamill-Glycerin-Creme vorbehalten gewesen ist.

Doch jetzt gibt es keine wirklichen Bauern- und Arbeiterklassen und keine echten Adelsklassen mehr, dagegen viel Armut und Sozialhilfe, eine große Mittelschicht, eine breite Neureichen-Truppe und eine sehr schmale großbürgerlich gebildete Oberschicht. Die Chancen für gepflegte Hände und Füße stehen somit schlecht.

Als Hoffnungsstreifen am Horizont jedoch taucht die Wellness-Bewegung auf. Alter Wein in neuen Schläuchen? In einem gesunden Körper wohnt ein gesunder Geist?

Nun ja, die Rückorientierung auf das Leben und das, was das Leben ausmacht, Liebe, Freundschaft, gutes Essen, guter Wein, schöne Musik, Muße, um über die wichtigen Dinge nachdenken zu können, und vor allem auch Gesundheit, lässt Hoffnung aufkeimen. Es geht um mehr als äußerliche Schönheit, um mehr als die Demonstration narzisstischer Eitelkeit, präsentiert beispielsweise als prachtvoll gestyltes Haar. Es geht um die innere Schönheit, um die Ästhetik des Lebens, um die eigene Meinung, das nicht manipulierte Denken.

Die Pflege der Haare und Nägel waren in den früheren Jahrhunderten eingebettet in den Kontext eines umfassenden Lebensgefühls. Dieses Gefühl erzeugte das Selbstbewusstsein, das sich selbst bewusst sein. Wer von uns ist sich heute noch seiner selbst, seines Selbst bewusst? Krampfhaft wird versucht, in Manager-Kursen, in Survival-Trainings, beim Malen in der Toskana, beim Tanzen in Griechenland, bei Meditation im Ashram, bei Yoga in den eigenen vier Wänden, in Selbsterfahrungsgruppen das eigene Selbst wiederzufinden. Glücklicherweise gelingt es einigen, mit diesen Krücken ein fundiertes Selbst-Bewusstsein aufzubauen. Generell einfacher wäre es, wenn die Ästhetik des Lebens wieder integraler Bestandteil unserer Gesellschaft werden würde. Wenn es nicht nur um die Quantität (= Kosten und Nutzen), sondern mehr um die Qualität (= Wert und Ergebnis) ginge. Schließlich, wenn von Qualität gesprochen wird, auch Qualität gemeint ist! Dann gehörten gepflegte Haare und Nägel zum umfassenden Verständnis eines schönen Lebens dazu.

WALDEMAR MOLINSKI

Bildersturm und Bilderverehrung
Die Bedeutung des zweiten Gebotes im Medienrummel

1. Einführung

Hinweise zur Aktualität und Eingrenzung der Thematik

Die Zerstörung der beiden kolossalen Kultbilder Buddhas bei Bamijan in Afghanistan durch die Taliban im Frühjahr 2001 ist ein typisches Beispiel eines religiös begründeten Sturms auf Kultbilder von Andersgläubigen. Dieser Bildersturm hat im Bereich der nicht-islamischen Kulturen bei gläubigen und insbesondere auch nicht gläubigen Menschen Entsetzen hervorgerufen. Die Bilderstürmer waren im Dienste der Verwirklichung ihrer eigenen religiösen Überzeugungen dazu bereit, einerseits die Ausübung der Religionsfreiheit von Andersgläubigen rücksichtslos zu unterdrücken und anderseits unersetzliche Kunstwerke zu zerstören. Sie wurden so in der Perspektive derjenigen, die die religiösen Überzeugungen und die mit diesen einhergehenden politischen Zielsetzungen der talibanischen Bilderstürmer nicht teilen, nicht nur zu Kunstschändern, sondern gleichzeitig und vor allem zu menschenunwürdig handelnden Menschenverächtern.

Auch die Zerstörung des World Trade Center in New York und die Attacke auf das Pentagon am 11.9.01. deren durch die Medien ständig wiederholten Bilder sich vielen unvergesslich eingeprägt haben, wurden von den sie ausführenden Moslems offenkundig als Sturm auf eine Art von maßgeblichen Götzenbildern westlichen Selbstverständnisses empfunden. Aber während bei der Zerstörung der buddhistischen Kultbilder wahrscheinlich religiöse Motive im Vordergrund standen, verfolgte der Angriff auf Amerika vermutlich vornehmlich politische Ziele. Von der angegriffenen Bevölkerung wurde diese fanatische Attacke jedenfalls nicht nur als ein barbarischer Massenmord unschuldiger Menschen im Rahmen einer neuartigen terroristischen Kriegsführung gegen die Weltmacht USA verstanden, sondern gleichzeitig auch als eine Art von Bildersturm auf wichtige Symbole zentraler Werte westlicher Lebensgestaltung empfunden. Die westliche Kultur wurde durch diesen symbolträchtigen und insofern bildhaften Angriff in ihr Herz getroffen.

Diese und zahlreiche andere Bilderstürme, die die geschichtliche Überlieferung kennt und die die an ihnen aktiv oder passiv beteiligten Menschen immer wieder zutiefst aufwühlten, werfen viele unterschiedliche Fragestellungen über das angemessene Verständnis von Kultbildern und den richtigen Umgang mit ihnen auf. Ihre angemessene Bearbeitung verlangt methodisch je eigene Vorgehensweisen. Die folgenden Ausführungen beschränken sich darauf, den Fragen nachzugehen, wie es zum jüdischen und von den Christen zunächst übernommenen religiösen Verbot von Kultbildern kam, was es bedeutet, wie es dennoch bei byzantinischen und römisch-katholischen Christen zu einem Bilderkult kam und inwieweit das in Übereinstimmung mit den Grundüberzeugungen des religiösen Bilderverbots der Juden aus römisch-katholischer Perspektive zu rechtfertigen ist.

Auf eine systematische Auseinandersetzung mit der Tragweite und den Grenzen der Religionsfreiheit und des angemessenen Umgangs mit ihr sowie mit anderen in diesem Zusammenhang bedeutsamen ästhetischen, seelsorgerlichen und sonstigen religiös bedeutsamen Fragestellungen kann dabei nicht eingegangen werden. Es geht vielmehr um eine Konzentration auf die theologische Problematik einer bildlichen innerweltlichen Repräsentanz des monotheistisch verstandenen welttranszendenten Göttlichen, das seinem Wesen nach unaussprechlich und unsichtbar ist, und einer angemessenen Verehrung von sichtbaren Objektivierungen des sich entäußernden unsichtbaren Göttlichen.

Die theologische Problematik des religiösen Bilderstreits

Um sich mit der Thematik des religiösen Bilderverbots und des aus ihm abgeleiteten Verbots der Götzenverehrung, der sog. Idolatrie, auseinander zu setzen, sollte man sich in Erinnerung rufen, dass ein Bild eine Gestalt ist, die durch ihr Gefüge eine andere Wirklichkeit vergegenwärtigt. Ein Bild ist somit ein Abbild des durch es dargestellten Vorbildes und setzt somit dessen Wirklichkeit als eine vom Bild verschiedene voraus. Der Begriff des Bildes ist folglich nicht identisch mit dem des Kunstwerks, das nicht unbedingt auf eine und von ihm verschiedene Wirklichkeit hinweist. Er ist vielmehr umfassender; nicht jedes Bild ist ein Kunstwerk. Nicht jedes künstlerische Werk, für dessen Herstellung die gleichen Darstellungsmaterialien wie für ein Bild benutzt werden, ist ein Bild.

Beim religiösen Bilderstreit geht es dementsprechend um die theologische Thematik, 1. ob und gegebenenfalls in welcher Weise Bilder geeignet sind, über die weltimmanente Wirklichkeit hinaus auf die welttranszendente göttliche Wirklichkeit in anschaulicher Weise zu verweisen, oder ob sichtbare Bilder dazu angetan sind, den Zugang zur unsichtbaren göttlichen Wirklichkeit zu verstellen; 2. ob man durch die Verehrung von Kultbildern mit dieser göttlichen Wirklichkeit in Verbindung treten kann oder ob man dadurch zwangsläufig in den religiösen Dienst von geschöpflichen Götzenbildern verfällt, die von Menschen nach ihrem subjektiven Empfinden gemacht wurden und die irdische Güter abbilden. Es geht also bei den Bildern in theologischer Sicht letztlich immer um die Fragen: Tut sich Gott in Bildern kund, offenbart er selbst sich in ihnen in dieser oder jener Weise; und wie kann der Mensch durch die Zuwendung zu den Bildern sich Gott und nicht bloß zu Unrecht verabsolutierten kontingenten, irdischen Gütern und Werten gläubig zuwenden?

Man spricht in diesem Zusammenhang von ikonischen Bildern, wenn sie auf eine irgendwie vom Göttlichen bewirkte Weise auf das Göttliche verweisen. D. h sie haben objektiv diejenige religiöse bzw. theologisch reflektierte Bedeutung, die ihnen subjektiv von Gott gegeben wurde. Sie verweisen nach der Auffassung der Gläubigen in bestimmter und differenzierter Weise wirklich auf Gott, weil sie letztendlich auf Gottes Wirksamkeit zurückzuführen sind und diese insofern repräsentieren. Im Unterschied dazu spricht man von anikonischen Bildern bei Bildern, deren religiöser Verweischarakter bloß auf menschliches Wirken zurückgeführt wird. Ihnen wird keine zwangsläufig objektiv begründete religiöse Bedeutung beigemessen. Ihnen wird objektiv bloß diejenige Bedeutung beigemessen, die die Menschen ihnen subjektiv geben. So gesehen sind anikonische Bilder säkulare Produkte rein innerweltlicher menschlicher Kreativität, deren wirklicher weltübersteigender Bezug offen ist oder negiert wird.

Den Theologen geht es um die theologische Bedeutung sowohl der ikonischen als auch der anikonischen Kultbilder. Ihr Problem hinsichtlich der Bilderverehrung besteht darin: Wird die transzendente Wirklichkeit Gottes tatsächlich in den von Menschen gemachten Kultbildern repräsentiert, die unmittelbar bloß weltimmanente Wirklichkeiten darstellen? Und wenn solch eine Repräsentation wirklich stattfindet: Wie kann der Mensch mit dem in Bildern irgendwie in der Welt gegenwärtigen Göttlichen in Verbindung treten? Und: Was besagt solch eine religiös Bilderverehrung über die Kommunikation Gottes mit den Menschen sowie der Menschen mit Gott?

Es geht demnach beim religiösen Bilderstreit direkt nie darum, wie ästhetisch, pädagogisch, therapeutisch usw. sinnvoll und zweckmäßig Bilder sind. Die damit zusammenhängenden Meinungsverschiedenheiten sind direkt immer nach ästhetischen und sonstigen sachgerechten Kriterien zu entscheiden und nur indirekt nach religiösen Maßstäben zu beurteilen. Beim religiösen Bilderstreit geht es vielmehr direkt immer darum, inwiefern Bilder in religiöser Hinsicht bedeutsam sowie sinnvoll und wie unberechtigt bzw. berechtigt die Verehrung von Kultbildern sein kann. Es geht um den Gottesbezug, den die Bilder vermitteln oder verstellen können.

Der Glaube, dass durch Bilder Göttliches repräsentiert werden kann, ist in der Menschheit tief verwurzelt. In der religiösen Verehrung von

Bildern, Symbolen und Zeichen findet ein wichtiger Aspekt der menschlichen Religiosität einen archaischen Ausdruck. So brachte die – im deskriptiven Sinne – heidnische Bevölkerung ihren Glauben an eine Repräsentanz des Göttlichen in der Welt zumindest früher durch ihren mannigfaltigen Kult von Götterbildern zum Ausdruck. Mit ihm wollte sie mit den in den Bildern vergegenwärtigten göttlichen Kräften in Verbindung treten und sie nicht selten magisch beherrschen.

2. Das biblische Bilderverbot

Die alte israelitische Bevölkerung aber beteiligte sich an dieser Verehrung der göttlichen Mächte in den in ihrer Mitwelt üblichen Kultbildern nicht. Sie verehrte vielmehr
1. iIn anfänglich monolatristischer Weise nur ihren Gott, den sie später in monotheistischer Weise als den einzigen wirklichen Gott betrachtete, und
2. ihren Gott, den sie als unbeschreiblich und unaussprechlich bezeichnete und als unanschaulich erfuhr, nur ohne Bilder.
Sie hielt die Verehrung fremder Götter in ihren Kultbildern mit ihrem eigenen Gottesbezug für unvereinbar, der in ihrem Bewusstsein der Erwählung und Befreiung durch ihren Gott begründet war. Ihrer völkischen Tradition widersprach außerdem eine bildhafte Darstellung ihres Gottes. Israel kam aufgrund dessen zur Festsetzung eines Verbotes zur Verehrung und Herstellung von Kultbildern, die verschiedene Etappen durchlief. Das Verbot der Verehrung fremder Götter war in diesem Prozess maßgeblich für das Verbot von Kultbildern.

Die Ursprünge des Bilderverbotes im Fremdgötterverbot

Die älteste biblische Fassung eines Verbotes der Anfertigung von Kultbildern liegt uns in den 10 Weisungen des Alten Testaments vor. Diese sind in den Büchern Ex 20,2–17 und Dtn 5,6–21 in zwei teilweise verschiedenen Fassungen überliefert.
Nach dem gegenwärtigen Stand der Forschung über die komplizierte Entstehungsgeschichte des Pentateuch wird die Fassung des Buches Dtn in der Regel als die ursprüngliche angesehen und die des Buches Ex als eine biblische Fortschreibung dieses Textes.[1]

---

[1] Die durch diese Neuinterpretation entstehenden Differenzen in der Abzählung und Benennung der einzelnen Gebote haben sich auch in den verschiedenen katechetischen Fassungen des Dekalogs niedergeschlagen, so dass man jetzt eine traditionell jüdische (talmudische), eine reformiert-anglikanische sowie die lutherische und römisch-katholische finden kann. Eine Priorität in Bezug auf Zählweise und Einteilung und somit eine Qualitätsdifferenz zwischen den verschiedenen Fassungen ist jedoch nicht zu erheben. Man muss den Prolog des

Bildersturm und Bilderverehrung ...

Die Formulierung des Bilderverbotes in Dtn 5,8 lautet: »Du sollst für dich kein Kultbild machen, keine Gestalt von irgend etwas am Himmel droben, auf Erden unten, im Wasser unter der Erde«.
Dieses Bilderverbot ist eingerahmt von einem doppelten Verbot einer Verehrung fremder Götter und bildet mit diesen beiden Verboten eine Einheit. V. 7 lautet: »Du sollst für dich keine anderen Götter haben neben mir«. Und V. 9–10 heißt: »Du sollst dich nicht vor ihnen niederwerfen und nicht vor ihnen Dienst tun. Denn ich bin Jahwe, dein Gott, ein eifersüchtiger Gott. Ein Gott: Schuld der Väter prüfend bei den Söhnen und der dritten und vierten (Generation), wo immer man mir feind ist. (10) Ein Gott: bewahrend den tausenden (Generationen) Gunst, wo immer man mich liebt und meine Gebote beachtet«.
Dieser Text versteht das Fremdgötter- und Bilderverbot als ein einziges Verbot. In ihm wird das später formulierte Bilderverbot als Konsequenz aus dem Fremdgötterverbot verstanden. Das wird deutlich einerseits aus dem Nebeneinander im Gebrauch des Plurals für die fremden Götter in den das Bilderverbot von V. 8 einrahmenden Vn. 7 und 9. Anderseits wird in V. 9 gleichzeitig eine Verbindung mit dem Verbot von Kultbildern in V. 8 hergestellt. Der Dekalog hat so in der Zeit seiner Formulierung im 7. Jahrhundert v.Chr. das Bilderverbot als einen Spezialfall des Fremdgötterverbots geboren.
Maßgeblich für dieses Verbot sind zwei spezifische Voraussetzungen der jüdischen Religionsgeschichte, nämlich 1. die für das alte Israel charakteristische Monolatrie, d.h. die Beschränkung auf die Jahweverehrung, und 2. seine Anikonographie, d.h. der Verzicht auf ein bestimmtes Bild oder Symbol ihres Gottes bzw. des allein wirklichen Gottes, als den Israel seit seiner Hinwendung zum Monotheismus seinen Gott Jahwe verehrt.
Die Juden lebten bekanntlich in einer polytheistischen Umwelt. Sie wurden nach ihrem Selbstverständnis zu einem eigenen Volk dadurch, dass sie von ihrem Gott erwählt und von ihm aus Ägypten, aus dem Sklavenhaus, herausgeführt wurden. Dieses Ur-Heilsereignis und das damit verbundene Erwählungsbewusstsein steht im Mittelpunkt der israelitischen Gläubigkeit (s. u.a. Ex 3,6ff u. Dtn 26,5b–9). Ihrem Erwählungsbewusstsein entsprechend wird selbstverständlich auch der Dekalog eingeleitet, bestimmt und seine Befolgung motiviert von der Erinnerung an die Befreiungstat ihres Gottes, die das Verhältnis zu seinem Volk begründet. Er ist kein Gesetze erlassender, sondern ein befreiender Gott, der Anweisungen für ein Leben in Freiheit gibt.
Dieses Gottesverständnis Israels ist zunächst noch nicht monotheistisch, sondern monolatristisch. Es entfaltet sich erst schrittweise über eine integrative Monolatrie, der sodann eine exklusive Monolatrie folgt,

---

Dekalogs sowie das 1. und 2. Gebot vielmehr als eine zusammenhängende sinneinheitliche Aussage interpretieren.

zur monotheistischen Verehrung Jahwes. Am Anfang steht demnach eine die Existenz fremden Götter in das eigene Gottesverhältnis integrierende Monolatrie. Diese besagt, dass Israel sich auf die Verehrung seines Gottes konzentriert und andere Götter nicht beachtet, die von anderen Menschen verehrt werden. Aber es leugnet diese anderen Götter nicht. U.a. die Formulierung des Fremdgötterverbots im Dekalog ist erst von diesem Vorverständnis ausgehend sinnvoll. Zahlreiche frühe Texte des AT, wie auch das bekannte »Höre Israel« (Dtn 6,4) sind ebenso ursprünglich monolatrisch zu verstehen.

Diese die anderen Götter integrierende Monolatrie entwickelt sich im Laufe der Zeit zu einer exklusiven Monolatrie, die den Umgang mit den fremden Göttern ablehnt und ihre Verehrung verbietet. Sie wird im Dekalog durch den Hinweis auf Jahwe als einen eifersüchtigen Gott bezeugt.

Schon im 9. Jahrhundert wird der Prophet Elija zum Vorkämpfer gegen den von König Achab (871–852) geduldeten und von dessen Frau Izebel geförderten Kult des Baal in Gestalt eines Stiers, von dem u.a. die weit bekannte Geschichte vom Tanz um das Goldene Kalb (Ex 32) berichtet.

Ein Vorläufer der theologischen Interpretation Jahwes als eines eifersüchtigen Gottes war bereits die Verkündigung des im Nordreich um 750–722 tätigen Propheten Hosea. Dieser vergleicht das Verhältnis Israels zu Jahwe erstmals mit dem einer Ehefrau, die gegenüber ihrem sie innig liebenden Gatten untreu ist.

Noch viel ausgeprägter kommt die exklusive Monolatrie im sogenannten jahwistischen Geschichtswerk zur Geltung, das um 690 zur Zeit des Königs Manasse im Südreich entstand. Es bemüht sich, die national-religiöse Krise zu meistern, die aufgrund des Untergangs des jüdischen Nordreichs (722) entstand. Das mit ihm verbundene Exil vieler Bewohner des Nordreichs brachte nämlich die Gefahr mit sich, dass die exilierten Israeliten sich mit den Bewohnern ihres Aufnahmelandes verbündeten. Das wurde als Versuchung zur Verehrung eines anderen Gottes angesehen und brachte die Gefahr eines Verlustes der national-religiösen Identität der Exilierten mit sich. Der jahwistische Text versucht, diese Gefahr mit der theologischen Überlegung zu meistern, dass Jahwe ein eifersüchtiger Gott ist (Ex 34,12–14).

Dieses Gottesverständnis findet auch im mit dem Fremdgötterverbot verbundenen Bilderverbot Niederschlag. Es hält zu einer exklusiven Monolatrie Jahwes an, die zur Intoleranz gegenüber den die israelitische Identität bedrohenden fremden und in Bildern dargestellten sowie verehrten Göttern aufforderte.

Von dieser Denkweise der exklusiven Monolatrie ausgehend, bezeichnet der Jahwist die Übertretung des Bilderverbots nicht nur als eine Übertretung der göttlichen Gebote neben anderen, sondern als Sünde, die eine Abwendung vom sich hinwendenden Gott sei. Jahwe, der als

gnädiger und treuer Bundesgott seine Huld für tausende Generationen wahrt, reagiert darauf damit, dass er diese Sünde bis zur dritten und vierten Generation hin straft, um das störrische Volk zu bekehren (Ex 32 und seine Fortentwicklung im Dekalog).
Die exklusive Monolatrie führte im Verlaufe der strengen Reformbewegung während der Zeit des Exils schließlich zum Monotheismus. Ihm zufolge darf keine weltimmanente Wirklichkeit mit dem welttranszendenten Gott identifiziert werden. Dieser von allen irdischen Wirklichkeiten unabhängige Gott, der die Einheit der Welt begründet und die Achtung vor allen seinen Geschöpfen und die Fürsorge für sie fordert, ist kraft seiner absoluten Souveränität ein über seine mannigfaltigen Repräsentationen erhabener Gott, der durch keine von ihnen eingefangen oder begriffen werden kann.
Der mit den Götzen nicht vergleichbare und sie absolut überragende monotheistische Gott ist insofern kein eifersüchtiger, sondern ein gegenüber der gesamten Schöpfung duldsamer und barmherziger Gott. Seine über mehrere Generationen anhaltende und dennoch verhaltene Aggressivität gegenüber der Vergötzung irdischer Wirklichkeiten verfolgt nicht den Zweck der Vernichtung seiner Geschöpfe, sondern kraft seines die zahllosen Generationen überdauernden Erbarmens deren Befreiung und Erlösung aus ihrer von den Menschen verschuldeten Versklavung an die vergötzten Geschöpfe, von der sie sich aus ihrer eigenen begrenzten Kraft nicht mehr befreien können. Er will die Würde seiner durch Vergötzung entwürdigten Geschöpfe in einer sie respektierenden und schonenden Weise wieder herstellen.[2]
Aus dem Fremdgötterverbot wird auf diesem Wege ein Götzenverbot mit seiner davon abgeleiteten Sonderform des Bilderverbots. Das Götzenbild ist ein nichtiges Bild Gottes. Es weist wegen seiner versuchten eigenmächtigen Verabsolutierung irdischer Wirklichkeiten von sich aus nicht auf die die Welt transzendierende göttliche Wirklichkeit hin. Dadurch, dass ihm dennoch göttliche Ehre erwiesen wird, wird somit eine kontingente irdische Wirklichkeit verabsolutiert. Das aber wird der Größe des wahren Gottes und der allein ihm gebührenden und geschuldeten Verehrung nicht gerecht.[3]

Die begleitenden Ursprünge des Bilderverbots als Verbot der Götzenverehrung im Glauben an die Unsichtbarkeit Gottes

Dieser Aspekt des sich gegen die Fremdgötter- bzw. Götzenverehrung wendenden biblischen Bilderverbotes hat seine Wurzel zwar primär in

---

2 Eine mit den nicht monotheistischen Religionen konkurrierende Intoleranz ist demnach mit dem Selbstverständnis des Monotheismus unvereinbar.
3 *Chr. Dohmen*, Um unserer Freiheit willen – Ursprung und Ziel biblischer Ethik im »Hauptgebot« des Dekalogs, in: Internationale Katholische Zeitschrift 21 (1992), 7–24.

der Verpflichtung Israels zur ausschließlichen Verehrung des Bundesgottes Jahwe, abgeleitet davon und gleichzeitig aber auch in dem für Israel charakteristischen Verzicht auf jegliche Ikonographie Jahwes. Es gibt kein einziges eindeutiges Bild Jahwes.

Das hängt äußerlich und formal zunächst mit der für die nomadischen bzw. halbnomadischen Völker typischen religionsgeschichtlichen Eigenheit zusammen, dass sie auf die für die sesshaften Völker charakteristischen Götterbilder verzichten, die zumeist auf bestimmte weltimmanente Eigenschaften wie Fruchtbarkeit, Heilung, Schutz usw. bezogen sind. Statt dessen begegnen bei den Völkern mit anikonographischer Tradition nur Amulette und kleine Idole. Als Numina, als Erscheinungsformen eines konkreten göttlichen Wesens gelten ihnen an Stelle von ikonographischen Kunstwerken natürliche Objekte, z.B. Bäume, Quellen, Berggipfel, Steine, Orte usw., die als Herrschaftsbesitz und Anwesenheitsstätten der heiligen Wesen angesehen werden. Die Israeliten kommen aus der Tradition dieser Völker.

Inhaltlich und zutiefst beruht die biblische Kritik an der religiösen Ikonographie aber darauf, dass man sich von dem jegliches begrenztes Wahrnehmen übersteigenden unendlichen und darum absolut geheimnisvollen Gott, zu dem man nur im Maße seiner sichtbaren Selbstkundgabe einen anschaulichen Zugang haben kann, kein angemessenes Bild machen kann. Es geht dabei also nicht um die Kritik von Bildern als solchen, sondern von religiösen Bildern, die zu einem Missverständnis Gottes führen.

Der Entwicklung, dass man sich kein Bild Gottes machen darf, entspricht die komplizierte Entwicklung des Gottesnamens und das Verbot, den Namen Gottes zu missbrauchen, worauf in diesem Kontext leider nicht eingegangen werden kann.[4]

Ergebnis der alttestamentlichen Überlieferung

Das erste und wichtigste Ergebnis des im jüdischen Glauben begründeten und durch theologische Reflexion entstandenen Bilderverbots ist demnach das monotheistische Gottesverständnis: Kultbilder Gottes sind mit dem den Menschen durch die Juden vermittelten Monotheismus unvereinbar. Die in polytheistischen Vorstellungen verehrte Macht des uns und die gesamte nicht-göttliche Wirklichkeit übersteigenden und sich der Welt kundtuenden Göttlichen, von dessen Gunst wir und die ganze Welt abhängig sind, wird seinem uns möglichen Verständnis nicht hinreichend gerecht. Es ist ein unser Begreifen übersteigendes, aber nicht völlig unzugängliches Geheimnis eines unendlichen und darum einzigen Gottes: Er bestimmt alles Dasein, das er mit seinem schöpferischen Tun ständig durchdringt, geht

---

4 Gottesnamen, in: LThK IV, 1995, 935–940 (Lit.).

aber nicht in ihm auf und ist selbst unsichtbar. Die Menschen können sich seiner durch Bilder, die sie sich von ihm machen und die sie verehren, nicht bemächtigen. Das zweite vom jüdischen Gottesverständnis abgeleitete Ergebnis ist: Eine nicht monotheistische Gottesverehrung in Kultbildern degeneriert zur Verehrung nichtiger Götzen. Wer nicht dazu bereit ist, den in Bildern nicht zu begreifenden wahren Gott zu verehren und das Leben auf Erden nach seinen Weisungen zu gestalten, widmet sich in der göttlichen Verehrung von Kultbildern zwangsläufig dem Dienst irdischer Götzen und deren zum Scheitern verurteilten Verheißungen. Das aber verstößt gegen den Willen Gottes, der das Heil seiner Schöpfung will. Darum ist jegliche göttliche Verehrung von Kultbildern als Götzendienst verboten.

Der als Ebenbild Gottes geschaffene Mensch als Repräsentant Gottes in der Welt

Anderseits heißt es in der priesterschriftlichen Fassung des biblischen Schöpfungsberichts, die nicht vornehmlich das Ziel verfolgt, die Erschaffung der Welt und des Menschen darzustellen, sondern vor allem die Entstehung der Volks- und Kultgemeinschaft Israels auf dem Sinai zur Geltung zu bringen: »Und Gott schuf den Menschen als sein Bild. Als Gottes Bild schuf er ihn« (Gen 1,27). Diese knappe und formelhafte Ausdrucksweise, die auf den Gebrauch einer festen, überlieferten Formel hinweist,[5] besagt: Durch sein Bild erhebt Gott Anspruch auf sein Eigentum der Welt. Die Ebenbildlichkeit Gottes bezeichnet demnach nicht so sehr eine Gott ähnliche Seinsweise, sondern eine Funktion des Menschen im Dienste Gottes: Er soll über den Rest der Schöpfung herrschen. Die Verbindung der Ahnentafel der Menschen mit dem Hinweis auf ihre Ebenbildlichkeit Gottes impliziert die Vorstellung ihrer »Erblichkeit« (Gen 5,1ff). Und nach Gen 9,6 begründet eben diese Abbildlichkeit Gottes die rechtliche Unantastbarkeit der Menschenwürde.[6] Aus der Thematik der Ebenbildlichkeit Gottes in der alttestamentlichen Priesterschrift ergibt sich demnach kein Hinweis auf ein Verbot von Menschenbildern.

---

5 Durch sie soll nach einer methodisch gut abgesicherten, wenn auch nicht völlig unumstrittenen Deutung die Voraussetzung für Israels Geschichte in der Schöpfung erklärt werden. Die Entstehung der Welt wird demnach im Schöpfungsbericht in der Perspektive der Entstehung Israels dargestellt. Für sie ist das besondere Verhältnis zwischen Israel und Gott wesentlich, durch das Israel von Anfang an eine zentrale Bedeutung für die ganze Welt erhält. Das Jahwe anbetende Volk ist der Statthalter und Stellvertreter Gottes auf Erden.
6 TRE VI, Berlin 1980, 491ff.

Der neutestamentliche Befund

Das alttestamentliche Kultbilderverbot wird im NT zwar nicht mehr erwähnt, man muss aber von seiner selbstverständlichen Weitergeltung ausgehen, da das NT das AT zur bleibend gültigen Voraussetzung hat. Unmittelbar vom alttestamentlichen Fremdgötter- und Bilderverbot her gibt es eine neutestamentliche Auseinandersetzung mit allen Formen der Idolatrie, d h. der Verehrung der seinslosen *eidola* der Götzen. Außerdem wird die atl. Thematik der Gottesebenbildlichkeit unter Benutzung des Begriffs *eikon* aufgegriffen, allerdings nur selten und dann fast ausschließlich in der paulinischen Literatur. Für Paulus gibt es nur ein wahrhaftiges Gottesbild: Christus (2Kor 4,4), den göttlichen und erhöhten Herrn, dessen Herrlichkeit als Gottes eigene Herrlichkeit zu verstehen ist (s.a. Kol 1,15). Er hebt aber die Unsichtbarkeit Gottes nicht auf (vgl. Röm 1,20; 1Tim 1,17; Hebr 11,27), sondern Gott beherrscht in ihm und mit ihm als seinem Bild die Welt. Die Menschheit soll in diese Bildhaftigkeit erst durch den Gottesgeist in Glaube und Taufe endzeitlich hineingestaltet werden. Eine theologische Notwendigkeit eines Bilderverbots lässt sich daraus nicht ableiten.

3. Die Entfaltung von Bilderverehrung und Bilderstreit im Christentum

Die Alte Kirche hat ausgehend vom Bilderverbot und der Geistigkeit Gottes in Konfrontation mit einer Welt voller Götter zunächst ein Gottesbild und damit eine christliche Kunst völlig verworfen.
Der Osten war in der Hinsicht zunächst offenbar konsequenter als der Westen. Aber seit dem 6. Jh. brechen sich dort auf der Grundlage des sich im Kirchenvolk entfaltenden Glaubens verehrte und Hilfe spendende Bilder in Gestalt von Mosaiken, Wandmalereien, amulettartigen Anhängern, auch Reliefs und besonders der Ikone Bahn. Die Bilderverehrung geht demnach vom Volksglauben und nicht von der Hierarchie aus.
Die Theologen befassten sich mit dieser Praxis; und das führte bei einer Anzahl von ihnen zu ihrer Rechtfertigung in der theologischen Literatur. Die Zahl der Bilder war zunächst relativ geringfügig. Aber auch Auseinandersetzungen um das Bild sind in Kleinasien und Armenien bezeugt.
Zum großen Bilderstreit kam es, als sich seit 726, verstärkt seit 730 das byzantinische Kaisertum zumindest vornehmlich aus religiösen Gründen gegen die Bilder wandte. Die Synode von Hiereia, die sich selbst als ökumenisches Konzil verstand, verwarf 754 die Bilderverehrung. Die Zahl der Opfer dürfte in der 1. Phase des Bilderstreits nicht groß gewesen sein. Aber das II. Konzil von Nizaea (787), das 7. Ökumenische Konzil, beendete diese 1. Phase der Bilderfeindlichkeit. Es

stellte die Bilderverehrung nicht nur wieder her, sondern ging noch einen Schritt weiter und machte sie geradezu verbindlich.
Eine zweite Phase der Bilderfeindlichkeit dauerte von 815–843. Hier ist es öfter zu Verbannungen gekommen. Aber der Widerstand des Wechsels zu einer bilderfreundlichen Politik war gering. Dabei wurde das Papsttum zu einem wichtigen Faktor der Bilderverehrung im Osten, zumal in Rom die Bilderverehrung anscheinend bereits üblich war. Eine größere Ausbreitung der Bilder erfolgte allerdings erst seit dem 10. Jh.
Zu neuen Auseinandersetzungen kam es drittens in Russland seit dem 16. Jh. Dabei ging es darum, dass aufgrund der Vorstellung, die Abbildlichkeit der Ikone komme durch strenges Kopieren zustande, die Forderung aufgestellt wurde, am alten Stil festzuhalten, weil damals die Stilentwicklung mit der Entstehung neuer Themen zu einer naturalistischen Darstellung führte. Die Frage war beim Raskol, d.h. den Altgläubigen, akut und hat seit der Wiederentdeckung der altrussischen Ikone und ihrer Deutung durch die russische Religionsphilosophie im 19. und 20 Jh. neue Bedeutung erlangt.
Im Westen entstand ein erster Bilderkreis bereits im 3. Jh. vor allem im Bereich der italienischen Grabkunst. Im 4. Jh. bildet sich zweitens ein Kirchendekorationsprogramm heraus, das in der Apsis den herrschenden Christus und im Langhaus biblische Geschichten zeigt. Gegenüber einer weiter lebenden Bilderfeindlichkeit wird auf die pädagogische Funktion der Bilder verwiesen.
Die Franken kannten zwar keine Bilderverehrung. Die fränkischen Theologen wendeten sich aber mit dem Argument der pädagogischen Funktion der Bilder dennoch gegen den byzantinischen Ikonoklasmus. Gleichzeitig wendeten sie sich jedoch gegen die im II. Konzil von Nizaea 787 konstatierte Verpflichtung zur Bilderverehrung.
Am Ende des 10. Jh. kommen auch im Norden plastische Kultbilder auf. Die Sinnlichkeit der Gotik führte im 12.–13. Jh. zu einer neuen Vergegenwärtigung von Kindheit und Passion Christi im Bild. Andachts- und Altarbilder bekamen besondere Bedeutung. Der neu gegründete Servitenorden und andere Gemeinschaften verbreiteten Madonnenbilder, die in der Folgezeit auch den größten Anteil unter den verehrten und Wunder wirkenden Bildern stellten.
Die Reformation des 16. Jh. verhielt sich gegenüber der Bilderverehrung ablehnend. Sie brauchte keine Bilder, und vor allem stiftete sie keine neuen. Während das Luthertum Bilderverehrung duldete und auf seine gewaltlose Überwindung baute, führte die radikale Verwerfung von Bildern im Zwinglianismus und Calvinismus zur Zerstörung des

Vorhandenen. So sind evangelische Gemeinden ungefähr drei Jahrhunderte ohne Bilder ausgekommen.[7]
Demgegenüber förderte die Gegenreformation das Bild als Gegenstand der Frömmigkeit. Die Vielfalt der Wallfahrten zu helfenden Bildern ist für die Barockzeit bezeichnend. Das kleine Andachtsbild ist seit der Spätgotik verbreitet.
Zu einem Bilderstreit größeren Ausmaßes kam es im Gefolge der Französischen Revolution.[8]

4. Beurteilung des Bilderstreits

Bei den verschiedenen Bilderstreiten mögen politische Gründe eine gewisse Rolle gespielt haben. Die entscheidenden Motive für sie sind religiöser Art. Der Sieg, den die Bilderfreunde über die Bilderfeinde (bislang) errungen haben, wirft die Frage auf, ob mit ihm die Sache des Christentums eine Niederlage erlitten hat oder damit etwas genuin Christliches erhalten blieb und gestärkt wurde.
Kaiser Leo III., der 726 den byzantinischen Bilderstreit vom Zaun brach, verstand sich selbst als religiöser Reformer, der von Gott berufen wurde, das Haus Gottes vom Götzendienst zu befreien. Aus der Gewissheit, Kirche und Reich zur ursprünglichen Reinheit des Glaubens zurückzuführen, bezog der Ikonoklasmus sein Pathos und seine Überzeugungskraft. Man berief sich dabei vor allem auf das Bilderverbot des AT. Aber wo war dann die Grenze? Sie wurde tatsächlich sehr unterschiedlich gezogen. Die gemäßigten Bildgegner kämpften nur gegen die Kultbilder, nicht aber gegen die Bilder als solche. Radikale Ikonoklasten, wie der spätere Konstantin V., verwarfen nicht nur die Bilder, sondern auch die Reliquien- und Heiligenverehrung, ja sogar die Anrufung der Gottesmutter. Für sie standen die Bilder Christi, der Gottesgebärerin und der Heiligen mit den Götzenbildern der Heiden auf gleicher Ebene.[9]
Hier lagen aber zugleich seine schwachen Stellen: Wie weit konnten die Ikonoklasten sich und das Volk davon überzeugen, dass Bilderkult einfach Götzendienst war? Ab wann wird ein religiöses Kunstwerk zum Götzenbild? War alles, was die Jahrhunderte christlicher Geschichte an religiösen Bildwerken hervor gebracht hatten, global als abwegig zu verurteilen?

---

7 *M. Wichelhaus*, Verspätete Bilderfreundschaft, in: *M. Wichelhaus / A. Stock*, Bildtheologie und Bilddidaktik. Studien zur religiösen Bildwelt, Düsseldorf 1981, 21–35.

8 *H.G. Thümmel*, TRE VI, Berlin, 525–540 (Lit); *ders.*, Bilderlehre und Bilderstreit, Würzburg 1991, *ders.*, LThK 2, Freiburg 1994, 444–445.

9 Aber obwohl von ihnen die Verehrung des Christusbildes verworfen wurde, erwiesen sie dem Kaiserbild weiterhin die übliche Reverenz.

Das Hauptargument der Bilderverteidiger gegen den Vorwurf der Idolatrie war ein christologisches: In Folge der Menschwerdung Gottes ist Gott als Mensch sichtbar geworden. Wie sollte der, den seine Jünger als Menschen gesehen und berührt haben, nicht im Bild darstellbar sein?
Durch den Bilderstreit wurde die Kirche sich so bewusst, dass es in der Bilderfrage um die Frage nach der Gegenwart Gottes in der Welt und seine religiöse Repräsentation in ihr ging. Das sind Fragen, die die religiösen Menschen bis heute nicht loslassen und gegenwärtig insbesondere auch im Zusammenhang mit der Diskussion um die Menschenwürde erörtert werden.[10]

Unterschiedliche Interpretationen der Beziehung Gottes zur Welt

Vom jüdischen Transzendenzverständnis her ist der Mensch dadurch Ebenbild Gottes, dass er als solcher in der Immanenz der Welt menschlicher Repräsentant Gottes ist. Bei dieser funktionalen Sicht des Menschen spielt die Frage, inwiefern diese Funktion auf einer seinsmäßigen Gottähnlichkeit beruht, zumindest zunächst keine Rolle. Gott tritt vielmehr spontan als der von der Schöpfung ganz verschiedene, als der ganz andere, geheimnisvolle Gott, von dem alles abhängt, und der selbst von niemand anderen abhängige Gott in den Vordergrund des Bewusstseins. Gegenwärtig spricht u.a. der stark vom jüdischen Glauben ebenso wie von der Shoa-Erfahrung geprägte Philosoph E. Levinas davon, dass Gott in den biblischen Geschichten als der von seinen Erscheinungen losgelöste und somit absolute beschrieben wird. Wir können ihm nicht direkt begegnen und uns kein wirklichkeitsgerechtes Bild von ihm machen, sondern nur der zurückgelassenen Spur des bereits Vorbeigegangenen und somit Entschwundenen folgen. Entsprechendes gilt von der Begegnung mit den uns anschauenden und dadurch anfordernden Mitmenschen. Sie werden dadurch absolut. Sie können von uns nicht mehr vernichtet werden, selbst wenn wir einen brutalen Mordanschlag gegen sie ausüben. Ihre unauslöschliche Spur bleibt und mit ihr ihr absoluter Anspruch an uns »Töte mich nicht«. Dadurch werden wir uns bewusst, dass wir ihresgleichen sind.
Diese Jenseitigkeit des allmächtigen Gottes wird vom Islam noch viel nachdrücklicher dadurch akzentuiert, dass er Gott als denjenigen versteht, der mit seinem Willen das Schicksal der Schöpfung und jedes einzelnen Menschen völlig souverän lenkt und nach seinem Willen prädestiniert. Für ihn ist von seinem Transzendenzverständnis her die Idee einer Repräsentation des Göttlichen durch irdische Wirklichkeiten fremd. Gott tut allein im Koran seinen Willen kund und bewirkt allein,

---

10 Auch im politischen Raum ist umstritten, in welcher Weise die sogenannte repräsentative Demokratie als repräsentativ zu bezeichnen ist.

unabhängig von allen ihm äußerlichen Bedingungen alles, was in dieser Welt geschieht. Aber man kann sich von seinem transzendenten Wirken ausgehend kein Bild Gottes machen. Wie er zu uns steht und was er von uns verlangt, tut er uns vielmehr ausschließlich in seiner Schriftoffenbarung kund.

Im Gegensatz dazu teilen die byzantinischen und römisch-katholischen Christen, deren Denken sich in beachtlichem Ausmaße im Dialog mit der griechischen Metaphysik entfaltete, die Glaubensüberzeugung einer wirklichen innergeschichtlichen, unterschiedlich dichten schöpfungsimmanenten und sakramentalen repräsentativen Gegenwart des gleichzeitig transzendent bleibenden Gottes in dieser Welt: Gott ist in allem, nichts ist ohne ihn. Die Welt mit ihren verschiedenen Seienden sind für sie von Gott geschaffene und von Christus geheiligte Bilder und Gleichnisse seiner selbst, die seine eigene Wirklichkeit in abgestufter Weise widerspiegeln und dabei gleichzeitig enthalten. Nach der im Laufe der Zeit systematisch entfalteten Lehre von der analogia entis et fidei, von der begrenzten Gottähnlichkeit der von Gott geheiligten Schöpfung bei größerer Gottverschiedenheit, sind alle Geschöpfe zwar Gott mehr unähnlich als ähnlich, aber dabei durch ihren unterschiedlichen Transzendenzbezug eben in sehr abgestufter Weise doch Gott irgendwie ähnlich. Sie verweisen alle mehr oder weniger deutlich auf Gott. Er wird durch sie in mehr oder weniger begrenzter und deshalb ambivalenter Weise erkenntlich, aber doch hinreichend deutlich verständlich und repräsentiert. Diese perspektivisch bedingte Glaubenserkenntnis, diese fides quae creditur, kann zwar faktisch fehlerhaft und einseitig verzerrt sein, ist aber prinzipiell zu einer Erkenntnis der in der Welt wirksamen göttlichen Wahrheit befähigt.

Die Repräsentanz Gottes in der Welt, die letztlich auf seiner geschichtlich mehr oder weniger deutlich greifbaren Gegenwart in ihr beruht, hat in der Menschwerdung des gezeugten, aber nicht erschaffenen Sohnes Gottes ihren unüberbietbaren Höhepunkt erreicht. Christus war bereits für die Alte Kirche der Gott gleiche und nicht bloß ein Gott ähnlicher Repräsentant Gottes. Selbst für den theologiebeflissenen Kaiser Konstantin V., der den Bilderkult ablehnte, war darüber hinaus zusammen mit den östlichen und westlichen Bilderfreunden auch klar, dass Christus in der Eucharistie, die er als die wahre Ikone Christi bezeichnete, repräsentiert wurde.

Es gibt somit nach dem gemeinsamen Glaubensverständnis der Alten Kirche eine von Gott selbst gewirkte und auf ihn bezogene Abbildhaftigkeit der Welt als ganzer und in spezifischer Weise der einzelnen Geschöpfe. Gott ist nach der Sprache der scholastischen Schultheologie ex opere operato in unterschiedlich dichter Weise in dieser Welt abbildhaft gegenwärtig.

Die umstrittene Möglichkeit einer christlichen Bilderverehrung

Aber die Bilderfeinde warfen den Bilderverehrern vor, dass sie mit der Herstellung von Ikonen den eigenmächtigen Versuch unternahmen, selber, d.h. in der Terminologie der Schulsprache ex opere operantis, eine Repräsentanz Christi zu bewirken, obwohl Christus in den Sakramenten seine Gegenwart selbst, ex opere operato, bewirkt. Konstantin V. und die Ikonoklasten leugnen demnach weder die Inkarnation noch das wahre Menschsein Christi. Sie verneinen vielmehr bloß, dass durch menschliches Tun Kunstwerke und Bilder hergestellt werden können, die sie zu religiös verehrungswürdigen Objekten, eben zu Kultbildern machen. Die Bilderfeinde negieren somit die Möglichkeit, das Geheimnis Gottes und Christi mittels der menschlichen Tätigkeit als solcher künstlerisch zu präsentieren. Man kann Gott nicht durch bloß menschliche Bilder verehren. Das ist der frevelhafte Versuch, durch bloß menschliche Initiativen und Werke eine Beziehung mit Gott aufnehmen zu wollen und dadurch gerecht zu werden. Die Bilder repräsentieren ihrer Auffassung zufolge menschliche Subjektivität und nicht göttliche Wirklichkeit. Bilderverehrung wird für sie so zu dem bereits im AT verbotenen Götzendienst.

Die Bilderverehrer verteidigen dagegen mit einer Anzahl theologischer Argumente die religiöse Berechtigung von Kultbildern: Gott repräsentiert sich durch sein schöpferisches und erlösendes Wirken selbst in der Welt. Die weltimmanente Selbstkundgabe Gottes, die in der menschlichen Natur Christi in unüberbietbarer Weise erfolgt, begründet die weltimmanente repräsentative Gegenwart Gottes sowie die aus ihr ergebende und somit aus sich selbst heraus, ex opere operato, auf Gott wirklich verweisende Abbildbarkeit des unsichtbaren Gottes. Sie eröffnet so die Möglichkeit einer Herstellung von Kultbildern, die durch den Bezug zur göttlichen Personalität Christi von sich aus auf Gott verweisen. So wird durch deren Verehrung der wahre Gott selbst verehrt, den sie repräsentieren. Das alttestamentliche Bilderverbot muss deshalb ihrer Auffassung zufolge nach der Menschwerdung Gottes neu eingeordnet und interpretiert werden, wie das durch die christliche Tradition tatsächlich auch geschah.

Hand in Hand mit dieser sublimen Kontroverstheologie über die Berechtigung der Bilderverehrung entfaltete sich beim bilderfreundlichen Volk der phantasievolle Glaube, dass es sogenannte Acheiropoieta gebe, die dann ihrerseits als Vorlage für die Anfertigung von Ikonen dienten. Unter Acheiropoieta verstand man gemäß ihrem Namen Bilder, die nicht von Menschenhand gemacht wurden, sondern auf wunderbare Weise entstanden. Sie beanspruchten einzigartige Authentizität und gewährten wirkmächtigen Schutz für Einzelne, Städte und das byzantinische Reich. Diese »nicht von Menschenhand gemachten« Bilder können den Dargestellten vergegenwärtigen, weil sie nicht Menschenwerk, sondern Gabe des Dargestellten selbst sind. Es besteht demnach ein im Bewusstsein des Kirchenvolkes tief verwurzelter Glaube, dass eine religiöse Verehrung von Kultbildern nur unter der doppelten Voraussetzung berechtigt sei: 1. die Entstehung dieser Bilder muss auf das Wirken Gottes zurückzuführen sein, und sie müssen 2. gleichzeitig in verständlicher Weise auf Gottes Wirken in dieser Welt in ihrer Heilsgeschichte verweisen.

Bildergegner und Bilderverteidiger, Theologen ebenso wie das bilderfreundliche gläubige Volk sind sich demnach in der auf ihrem gemeinsamen Gottesglauben beruhenden Voraussetzung einig, dass ein heiliges Bild keinesfalls primär Kunstwerk, sondern gottgeschenktes und daher gnadenerfülltes Bild ist. Seine Verehrungswürdigkeit beruht nicht auf seiner menschlichen Herstellung, sondern auf seiner von Gott selbst bewirkten Repräsentanz Gottes in der Welt und auf dem aus ihr sich ergebenden Gottesbezug. Werden Kultbilder und religiöse Kunst in diesem Sinne verstanden und praktiziert, dann sind sie vor der Gefahr gefeit, dass das Kultbild zum Götzen, das religiöse Kunstbild und die Ikone zum Idol werden.

Der tiefste Grund für die christlichen Bilder und ihre Verehrung ist demnach das Geheimnis der Menschwerdung Gottes. Man kann die Genese der christlichen Bilderverehrung nicht verstehen ohne die lebendige Liebe zum Erlöser. Aufgrund dessen betont das II. Konzil von Nizaea (787) den relationalen Charakter der Bilderverehrung. Das Kultbild wird nicht »an sich« betrachtet, sondern als Vermittlung zur dargestellten Person hin: »Wer ein Bild verehrt, verehrt die darin dargestellte Person.«[11] Bilder- und Heiligenverehrung wissen sich eng verbunden. Das Gedächtnis der Heiligen soll nicht von der Liebe Christi ablenken, sondern sie vertiefen. Aber während sie nur verehrt werden, wird Christus als göttliche Person angebetet. Die Bilder Christi und der Heiligen sind demnach signa memorativa, demonstrativa und prognostica des im Diesseits repräsentierten Jenseits. Sie erinnern an das von Gott gewirkte Heil, vergegenwärtigen es und verweisen auf seine künftige Vollendung.[12]

Die Struktur des Transzendenzbezuges von gläubigen Begegnungen mit Bildern

Inwiefern die Kultbilder tatsächlich von Gott gewirkt sind und wirklich auf ihn verweisen, inwiefern sie sich also auf die subjektunabhängige Wirklichkeit und Wirksamkeit Gottes selbst beziehen und nicht bloß gegenständliche Produkte subjektiver menschlicher Gestaltungskraft sind und wie das festgestellt werden kann, wird von den Bilder-

---

11 DH 601
12 *Chr. Schönborn*, Bilderstreit und Bilderkult, in: *H.J. Schulz / J. Speigl* (Hg.), Bild und Symbol – glaubenstiftende Impulse, Würzburg 1993, 11–29.

Bildersturm und Bilderverehrung ...

verehrern allerdings nicht einmütig und klar beantwortet. Die orthodoxe und die römisch-katholische Verteidigung der durch Bilder ermöglichten religiösen Erfahrungen wird von sehr verschiedenen Mentalitäten und Argumenten getragen. Die Bilderverehrung im Osten geht nämlich aufgrund eines vorwiegend mystischen Empfindens von einer gewissen »inkarnatorischen« Identität von Bild und Bildgegenstand (Christus, die Heiligen, Gott) aus, während im Westen ein rationaleres Empfinden vorherrscht, dem zufolge religiöse Bilder als eine Art biblia pauperum auf die Selbstoffenbarung Gottes in der Heilsgeschichte verweisen. Kultbilder machen besonders für Analphabeten die vorgetragene, von der Tradition rezipierte und vom kirchlichen Amt anerkannte Heilsgeschichte und Lehre anschaulicher. Die Bilder vergegenwärtigen jedenfalls nach der gemeinsamen Überzeugung von Ost und West durch Gottes Wirken das Heil und bewirken und vertiefen mit Hilfe der Gnade Gottes in Übereinstimmung mit dem kirchlichen Amte den Glauben des Kirchenvolkes, d.h. sowohl das Glaubensvertrauen, die fides qua, als auch die Glaubenslehre, die fides quae, den objektivierten Niederschlag des Gehalts der göttlichen Offenbarung.

Karl Rahner bemerkt dazu in der Perspektive seines transzendentalphilosophischen Ansatzes kritisch und weiterführend: Das religiöse Bild hat durch seine Sichtbarkeit eine eigenständige religiöse Bedeutung, die durch das Wort grundsätzlich nicht ersetzt werden kann, wenn die Augen des Glaubens für die sinnlich-geistige Wahrnehmung der Offenbarung auch nicht die gleiche fundamentale Bedeutung haben wie die Ohren des Glaubens. Das Bild darf aber nicht auf eine bloße Illustration des Wortereignisses reduziert werden. Sehen und Hören sowie alle verschiedenen Sinneswahrnehmungen eröffnen nämlich einen jeweils spezifischen Wirklichkeits- und Offenbarungsbezug, der anfänglich mit den verschiedenen Sinnen auf unterschiedliche Weise vollzogen wird.

Die verschiedenen Sinne verhalten sich bei der einheitlich sinnlich-geistigen inhaltlichen Erkenntnis des Menschen unterschiedlich und gleichzeitig komplementär zueinander. Sie werden so mit der formalen Verschiedenheit ihrer Wahrnehmungen in die inhaltlich vielfältige sinnliche, aber geistig einheitliche Erkenntnis des Menschen integriert. Diese beginnt mit der sinnlichen Wahrnehmung und begreift im Vernunfturteil begrenzte Objekte als Seiende im transzendenten Bezug auf den unbegrenzten Horizont des Seins und somit im göttlichen Milieu. Dadurch wird die einheitliche Erkenntnis der verschiedenen Seienden als solchen ermöglicht. Sie wird zu einem religiösen Akt erst dadurch, dass sie auf den in ihm sich kundtuenden absoluten Gott als solchen unmittelbar (in direkter oder reflektierender Weise) bezogen wird.

Die Schau eines heilsgeschichtlich relevanten Bildes ist demnach wegen der unvertretbaren Bedeutung des (religiösen) Sehens durch das Hören nicht bloß eine religionspädagogische Illustration des Wortereignisses. Anders ausgedrückt: Der Glaube kommt nicht bloß vom Hören. Diese Einsicht ergibt sich nicht nur aus der christlichen Lehre von der Menschwerdung Gottes, sondern auch aus der christlichen Schöpfungs- und Menschenlehre. Ihnen zufolge sind die ganze Schöpfung und der ganze Mensch mit all seinen verschiedenen Sinnen in jeweils eigener Weise auf Gott bezogen. Gleichzeitig versucht die ganze Erde, wenn auch verklärt, zusammen mit dem Menschen zum absoluten Gott durchzubrechen.

Nur von dieser Grundthese her kann letztlich u.a. die ignatianische Betrachtungsmethode der »Anwendung der Sinne« als höchst sublime Stufe der Meditation verstanden werden. Sie konzentriert sich auf die sinnenhaft wahrnehmbare Kontemplation von Ereignissen der Heilsgeschichte und verwandelt sie in die Frage, wie die erste nicht bloß hörende, sondern auch anschauende Erfahrung, die bei dem geschichtlichen Heilsereignis vorkam, für den Betrachter, der nicht selbst dabei sein konnte, eine religiöse Bedeutung haben könne. So wie die Erfahrung von einem Menschen unvertretbar auch dadurch vermittelt wird, dass er angeschaut und nicht nur gehört wird, so ist es auch bei den geschichtlichen Heilsereignissen. Sie müssen auch im Bild geschaut werden, wenn man nicht selber schauend dabei sein konnte.

Weiterhin ist zu bedenken, dass jede religiöse Wirklichkeit nicht bloß eine durch den Menschen bewerkstelligte subjektive Erfahrung und Deutung einer innerweltlichen Wirklichkeit ist. Sie ist vielmehr gleichzeitig und vorrangig von Gott selbst durch die Vermittlung des religiösen Objekts mit seinem unmittelbaren und in diesem Sinne wirklichen Bezug zum absoluten Gott als solchen ermöglicht. Andernfalls wäre sie nämlich keine wirkliche religiöse Erfahrung. Nach christlichem Selbstverständnis ist diese Vermittlungsfunktion einer innerweltlichen Wirklichkeit auf den wahren und souveränen Gott als solchen nur denkbar in Einheit mit dem, was wir christlich Gnade nennen, gleichgültig ob diese Gnade bei dieser Beziehung auf Gott als solchen reflektiert wird oder nicht.

Eine solche von Gott herbeigeführte Transzendenzfunktion innerweltlicher Erfahrungen ist beim Wort wegen seines unmittelbaren Bezuges zum Vernunftbegriff leichter verständlich als beim Bild, weil der im Wort ausgedrückte Begriff eines Seienden in jedem Urteil ausdrücklich ein Moment der Negation einer Identität mit dem Sein als solchem in sich hat und so ohne weiteres über den endlichen Gegenstand hinaus eine Transzendentalität nicht nur auf die ihn transzendierende Welt ‚sondern auch auf den gegenüber der Welt transzendenten Gott ermöglicht. Aber schon bei der sinnlichen Erfahrung als solcher ist eine gewisse Erfahrung einer Transzendentalität gegeben. So hört man beim Hören schon immer die Stille mit, die den einzelnen Laut, z.B. einen Glockenschlag, umgibt. Sie bildet das (göttliche) Milieu, innerhalb dessen der einzelne Laut gehört werden kann.

Eine solche begrenzte sinnliche Transzendentalitätserfahrung ist notwendigerweise auch beim Schauen von Bildern vorhanden, weil man deren Grenze und Eigenart überhaupt nur erfahren kann, indem man über die Grenze des Geschauten auf das nicht geschaute Schaubare hinaus zielt. Sie bedarf einer komplementären Integration in einen personalen sinnlich-geistigen Akt mit seinem Bezug auf das Sein als solchem. Auch die unmittelbar bloß weltimmanente Transzendentalität des Bildes ist so bereits die Basis und ein Element der jenseitsbezogenen Transzendentalität des in seiner sinnlichen Vielfältigkeit einheitlichen sinnlich-geistigen (religiösen) Aktes des Menschen. Wird die mit der Wahrnehmung eines Bildes verbundene sinnliche Transzendenzerfahrung in einem sinnlich-geistigen freien Akt auf den sich in dieser Erfahrung kundtuenden absoluten Gott bezogen, liegt eine genuine religiöse Bilderfahrung vor.

Das gilt auch, wenn diese religiöse Erfahrung nicht absichtlich an ein Objekt gebunden ist, das als religiöses Objekt angestrebt wird. Ein menschlicher Akt wird nämlich nicht erst durch die mit ihm verbundene religiöse Absicht zu einem religiösen Akt, sondern vielmehr grundlegend durch einen wirklichen religiösen Bezug des angestrebten Objekts zu Gott. Dieser wirkliche Bezug des angestrebten Objekts zu Gott, durch den ein religiöser Akt überhaupt erst möglich wird, kann aber in der subjektiven Absicht des (wirklich) religiös Handelnden in religiöser Hinsicht sehr unterschiedlich interpretiert werden, ohne dadurch seine wirkliche religiöse Orientierung zu verlieren, weil das Objekt, an das der das Objekt transzendierende religiöse Akt notwendigerweise gebunden ist, wegen seiner Begrenztheit notwendigerweise vieldeutig interpretierbar ist.

Daraus ergibt sich, dass Bilder ohne unmittelbar religiöses Thema durchaus religiöse Bilder sein können, nämlich dadurch, dass sie zur religiösen Transzendenzerfahrung anregen. Aber ein Ausdruck christlichen Glaubens können nur diejenigen Bilder und Symbole sein, die Ereignisse der Heilsgeschichte in christlicher Perspektive repräsentieren. Durch sie wird der subjektive Glaube in der Weise und in dem Maße objektiv anschaulich, wie das wegen des Objektes mit seinem christlich interpretierbaren Transzendenzbezug möglich ist. Nicht alle religiöse Bildkunst ist demnach eine christliche. Aber eine christliche Bildkunst ist durchaus möglich.

Sie bedarf aber nach dem bereits Ausgeführten ihrerseits komplementärer vernunftgemäßer Objektivationen, die sie als eine in ihnen sich in Gottes wirklicher Offenbarung erschließende Heilszuwendung Gottes erweisen.

5. Ergebnis: Berechtigte Bilderverehrung unter Wahrung des Fremdgötter- und Götzenverbotes

Legitime christliche Kultbilder müssen demnach in orientaler und katholischer Sicht unter berechtigter Wahrung des Fremdgötter- und Götzenverbotes folgende Bedingungen erfüllen:
Die Verehrung bestimmter Bilder muss auf kollektiven Glaubenserfahrungen des Kirchenvolkes beruhen, dass sich ihm in der Begegnung mit diesen Bildern eine Heilszuwendung Gottes erschließt, durch die es in differenzierter Weise letztlich zur Verehrung Gottes selbst in seiner Unsichtbarkeit und Unaussprechlichkeit bewegt wird. Da das nach dem Glaubensverständnis nur unter Zuhilfenahme der vorauseilenden Gnade Gottes möglich ist, sind Kultbilder immer als von Gott gewirkt und in diesem Sinne als »Ikonen« zu verstehen. Die östliche Interpretation der Ikonen als eine Art Inkarnation der dargestellten heiligen Person und die westliche Interpretation von Kultbildern als sichtbare Zeichen der gnadenhaften Hineinnahme von Kirche und Welt in das göttliche Milieu sind somit durchaus kompatibel und ergänzen einander.[13]

2. Die Kultbilder dürfen nicht vergötzt werden. Man darf sie nicht in der frevelhaften Gesinnung als von Menschen zu instrumentalisierende Objekte verehren, durch deren Verehrung man das Heil aus bloß eigener Zielsetzung und Kraft erwirken oder das menschliche Fatum sogar magisch beherrschen kann. Der im monotheistischen Glauben der Juden bereits grundgelegte und inkarnatorisch entfaltete christliche Glaube an das Wirken des transzendenten Gottes innerhalb der Welt sowie ihrer Geschichte und eben auch in und durch irdische Bilder lebt nämlich aus der Dynamik des Glaubens an eine Vollendung der Welt und ihrer Geschichte durch Gott nicht im Diesseits, sondern durch ihre verklärte Einbeziehung in ein die Welt transzendierendes ewiges Leben inmitten Gottes. Folglich pervertiert jeder Versuch einer Vereinnahmung Gottes im Diesseits u.a. durch Bilder und somit seine Vergötzung durch seine Instrumentalisierung mittels seiner Identifizierung mit irdischen Wirklichkeiten den Bezug zu dem einen absolut erhabenen Gott, von dem alles abhängig ist und der selbst von niemand anderem abhängig ist.

3. Die Kultbilder müssen schließlich nach dem orthodoxen und katholischen Verständnis vom Wirken des Heiligen Geistes im Kirchenvolk und durch es als legitime von der kirchlichen Autorität irgendwie bestätigt werden. Der Geist Gottes wirkt im Kirchenvolk nicht nur von oben nach unten, sondern machtvoll auch von unten nach oben. Die Hierarchie soll dem Rechnung tragen und dabei ihrem Charisma ent-

---

13 *K. Rahner*, Zur Theologie des Bildes, in: *R. Beck* u.a. (Hg.), Die Kunst und die Kirchen. Der Streit um die Bilder heute, München 1984, 213–222.

sprechend in kluger Unterscheidung der Geister darauf achten, dass die Verehrung der Kultbilder in glaubensgemäßer Weise erfolgt und nicht selbst in sublimer Weise in selbstgerechten Götzendienst entartet.[14] Unter diesen Voraussetzungen erscheint die Praxis einer Bekämpfung der religiösen Bilderverehrung, deren Ordnung für die orthodoxen und katholischen Kirchen durch die Konzilien und das Kirchenrecht näherhin reglementiert wird, durch Bilderstürme nicht nur als ein Verstoß gegen unser jetziges Verständnis der Religionsfreiheit. Bilderstürmer erweisen vielmehr auch wenig Sensibilität für die Religiosität der Bilderverehrer. Mit ihnen sollte man sich keinesfalls gewaltsam, aber auch nicht bloß ästhetisch usw., sondern eben auch religiös bzw. theologisch auseinander setzen oder sie aber wegen ihrer Religionsfreiheit respektieren bzw. zumindest tolerieren.

---

14 *J. Werbick*, Repräsentation eine theologische Schlüsselkategorie?, in: *M.J. Rainer u. H.G. Janßen* (Hg.), Bilderverbot. Jahrbuch Politische Theologie Bd. 2, Münster 1997, 295–302.

HARTMUT ROSENAU

Sakraltourismus und Geomantik
Zur Attraktivität von Mystik, Magie und Esoterik

Einleitende Vorbemerkungen

Pilgerreisen zu heiligen Stätten und besondere religiöse Erfahrungen an bestimmten Orten sind durchaus Ausdruck gelebter Frömmigkeit. Als organisierter Sakraltourismus sind sie eher Ausdruck einer typisch neuzeitlichen »technischen« Welteinstellung, die sich auch das Numinose im Alltag verfügbar halten will. Insofern verfällt esoterische Religiosität genau dem, was sie kritisiert, nämlich dem modernen Leitbild von »Wissenschaft«, auch wenn dessen Krise in heutiger Zeit gerade eine Renaissance von esoterischer Weltanschauung und magischem Denken provoziert.
Die zunehmende Attraktivität des Okkulten, magischer Riten und Zauberpraktiken, von Astrologie und Esoterik kann dabei auf ganz unterschiedliche Motivationen zurückgeführt werden: von spielerischer Neugier und bloßer Sensationslust über eine unbestimmte Faszination durch das romantisch verklärte Fremde bis hin zu extremen Formen von Lebensangst reicht hier das Spektrum. Doch wenn Magie als der von Erfolgszwang getriebene Versuch verstanden werden kann, Menschen und Dinge unter der Voraussetzung eines inneren Zusammenhangs von allem mit jedem (»unio magica«) zu beeinflussen, dann entspricht sie genau dem neuzeitlich-technischen Wirklichkeitsverständnis mit seiner Tendenz zur verfügenden Vereinheitlichung von allem und jedem unter quantitativ-mathematischen Gesichtspunkten. Die Grenzen zwischen Magie, mystischer Religiosität und Wissenschaft sind sicherlich fließend geworden. Aber von einer solchen modernen Esoterik sollte – bei allen Gemeinsamkeiten und fließenden Grenzen – Mystik streng unterschieden werden. Ihre Stärke liegt im Unterschied zu Magie und Esoterik darin, mit den Ambivalenzen des alltäglichen Lebens, mit seinem Gelingen und Scheitern, mit Erfolg und Misserfolg, grundsätzlich gesagt: mit der Geschichtlichkeit und Personalität des Menschen produktiv umgehen zu können, ohne sich selbst unter Erfolgszwang stellen zu müssen. Und gerade darin empfiehlt sich die Mystik als Religion der Zukunft (K. Rahner).
Um diese These zu erläutern und plausibel zu machen, ist zunächst in Grundzügen zu bestimmen, was unter Mystik zu verstehen ist, um die-

Grundzüge mystischer Theologie

»Wer diese Rede nicht versteht, der bekümmere sein Herz nicht damit. Denn solange der Mensch dieser Wahrheit nicht gleicht, solange wird er diese Rede nicht verstehen. Denn es ist eine unverhüllte Wahrheit, die da gekommen ist aus dem Herzen Gottes unmittelbar.«[1] So spricht der Lese- und Lebemeister Eckhart (ca. 1260–1328) in einer seiner berühmten Predigten, die er als Generalvikar des Dominikanerordens in Straßburg vor Nonnen gehalten hat – und zwar auf Deutsch, was damals, im Mittelalter, als die Gelehrten- und Theologensprache Latein war, etwas ziemlich Außergewöhnliches gewesen ist. Aber ob die frommen Nonnen den bedeutendsten Mystiker des christlichen Abendlandes deshalb besser verstehen konnten? Meister Eckhart rechnet ja selbst in dieser Predigt damit, nicht verstanden zu werden.

Und in der Tat: Mystik ist schwer zu verstehen, und die Gelehrten wissen bis heute nicht eindeutig zu sagen, was denn Mystik nun ist und was nicht.[2] Mystik ist nicht deshalb schwer zu verstehen, weil sie sich in eine komplizierte, geschraubte und mit Fremdwörtern gespickte Terminologie kleidet – das Gegenteil ist der Fall. Die Sprache der Mystik klingt einfach und schlicht, es ist die Sprache der alltäglichen Worte, die in ihrer Einfachheit schön sind, warm und ungemein anziehend. So, wie die ehrlich und tief empfundene Liebe gerade die einfachen Worte sucht, manchmal auch poetische Bilder, um sich auszusprechen, und eben deshalb uns anrührt. Die Sprache der Mystik und die Sprache der Liebe ist sehr ähnlich, weil beide etwas eigentlich Unaussprechliches mitteilen wollen, das im Grunde nur diejenigen verstehen, die selbst ähnliche Erfahrungen gemacht haben. Deshalb ist es auch leicht, sozusagen von außen betrachtet, die Mystik als bloße Gefühlsduselei abzutun, wie man sich eben auch über verliebte Menschen und ihr Verhalten leicht lustig machen kann. Aber die Mystiker wie die Verliebten lassen sich dadurch nicht beirren. Sie wissen, worum es geht. Und wenn andere das nicht verstehen können, ist es ihre eigene Schuld oder ihr eigener bedauernswerter Mangel an Erfahrung. Vielleicht ist die Ähnlichkeit von Mystik und Liebe ein Grund dafür, dass es auch und gerade Frauen sind, die den Strom der mystischen Theo-

---

1 *Meister Eckehart*, Deutsche Predigten und Traktate, hg. v. *Josef Quint*, München ⁵1978, 7.
2 Vgl. *Hartmut Rosenau*, Art. »Mystik III. Systematisch-theologisch«, in: TRE 23, Berlin / New York 1994, 581–589.

logie maßgeblich repräsentieren, wie z.B. Teresa von Avila, Mechthild von Magdeburg, Gertrud die Große von Helfta und viele andere.³
Aber ist dann nicht mystische »Theologie« ein Unding? Theologie will doch als verantwortliche Rede von Gott Rechenschaft ablegen, Gründe und Argumente für den Glauben beibringen, Andersdenkende vielleicht sogar von der Wahrheit des Glaubens überzeugen?! Geht es aber wie in der Mystik um Erfahrungen des eigentlich Unaussprechlichen, wie kann man dann darüber vernünftig und allgemein nachvollziehbar reden, gar argumentieren?
Es ist das Besondere der mystischen Theologie gerade Meister Eckharts, uns mit Gründen und Argumenten dahin zu bringen, dass wir einsehen: Geht es um Gott und um unsere Seligkeit, dann hören die Gründe und Argumente auf, dann kommt das Wissen an sein Ende, und das Nichtwissen fängt an. Und in diesem Nichtwissen und Nichtverstehen liegt die Seligkeit. Aber dies ist nun kein »Lob der Torheit« (Erasmus v. Rotterdam) oder eine Entschuldigung für Denkfaulheit. Denn es geht ja darum, aus Wissen ins Nichtwissen zu gelangen, wie Meister Eckhart sagt.⁴ Oder es geht, um eine Formulierung eines anderen bedeutenden Mystikers – Nikolaus v. Kues (1401–1464) – aufzunehmen, um eine »belehrte Unwissenheit« (docta ignorantia), die sich paradoxerweise in einem beredten Schweigen äußern kann. »Der spricht am allerschönsten von Gott«, sagt Meister Eckhart einmal im Anschluss an den geheimnisvollen Theologen Dionysius Areopagita (um 500), »der vor Fülle des inneren Reichtums am tiefsten von ihm schweigen kann«.⁵ Deshalb braucht es auch niemanden zu bekümmern, wenn die Predigten Meister Eckharts nicht verstanden werden, wie es eingangs hieß. Denn das Verstehenkönnen ist in der Mystik nicht das Höchste. Es kann auch gar nicht das Höchste sein, wenn es um »unverhüllte Wahrheit« geht, die »unmittelbar« aus dem Herzen Gottes kommt.
Denn wenn wir etwas verstehen wollen, dann suchen wir nach den passenden Worten oder Begriffen, die etwas eindeutig benennen und bestimmen. Wir suchen nach Gründen, aus denen etwas einsichtig zu erklären ist, aus denen abgeleitet und vermittelt werden kann. Das aber reicht nicht und kann gar nicht hinreichen, wenn es um Gott gehen soll. Gott kann nicht aus Gründen hergeleitet und vermittelt werden, weil er ja selbst der unmittelbare Grund von allem ist. Er kann gar nicht auf einen eindeutigen und abschließenden Begriff gebracht werden, weil er ja all unser Denken und Begreifen übersteigt, weil er immer größer und mehr ist als das, was wir von ihm sagen könnten. Eher

---

3 Zu den großen Gestalten der deutschen Mystik vgl. *Johanna Lanczkowski* (Hg.), Erhebe dich, meine Seele. Mystische Texte des Mittelalters, Stuttgart 1988.
4 *Meister Eckehart*, Deutsche Predigten und Traktate, a.a.O., 430.
5 *Ders.*, ebd., 94.

könnten wir beschreiben, wie die Mystiker sagen, was Gott alles nicht ist, als dass wir anzugeben in der Lage wären, was er ist (via negativa). Selbst wenn wir Gott mit dem weitesten und allgemeinsten Begriff benennen wollten, der uns zur Verfügung steht, nämlich: Gott ist das Sein, so wäre selbst das noch zu wenig für die Größe Gottes. Denn das Sein hat das Nichts noch außer sich, aber Gott ist so umfassend, dass er selbst noch den größten Gegensatz, den von Sein und Nichts, in sich einschließt. Deshalb nennt man in der Mystik Gott auch das »Übersein« oder auch das »Nichts« – denn Gott ist nicht etwas Bestimmtes im Vergleich und im Unterschied zu anderen bestimmten Dingen, sondern Ein und Alles.

Am ehesten vergleichbar ist diese befremdliche Theologie mit der Erfahrung eines blendenden Lichts, das so hell ist, dass man eigentlich nichts mehr sehen kann, gleich als ob es dunkel wäre. Man kann vor lauter Helligkeit nichts Bestimmtes mehr erkennen. Daher heißt es auch bei Meister Eckhart: »Wer Gott schauen will, der muss blind sein. ... Er ist ein Licht, das blind macht. Das meint ein so geartetes Licht, das unfassbar ist; es ist unendlich. ... Dies bedeutet, dass es die Seele blendet, so dass sie nichts weiß und dass sie nichts erkennt.«[6] Vor diesem überwältigenden Licht Gottes muss man die Augen schließen. Und so bedeutet auch das griechische Wort »myein«, von dem das Fremdwort »Mystik« abgeleitet werden kann, soviel wie »die Augen schließen«, auch »den Mund schließen«, d.h. angesichts des Unsichtbaren von dem Unaussprechlichen schweigen. Daher konzentriert sich die Mystik auf das Innere des Menschen, so dass sie nur indirekt von Gott spricht, der uns direkt ja gar nicht zugänglich sein kann, indem sie vom Menschen spricht.

»Die Augen schließen« – das heißt aber auch: sich nicht ablenken lassen von dem Vielerlei der Sinneseindrücke, den Geschäftigkeiten und Zerstreuungen des Alltags sowie von den verschiedensten Meinungen der Mitmenschen. Gesucht wird in der Mystik vielmehr eine gespannte Konzentration auf das eine Wesentliche, das eigene Selbst des Menschen. Denn hier, im tiefsten Inneren des Menschen, im sog. »Seelenfünklein«, ist Gott und das Heil zu finden. Vor all dem Ablenkenden da draußen muss man sich in »Abgeschiedenheit« halten, wie Meister Eckhart oft sagt. Warum aber ist Gott gerade im Innersten der Seele zu erfahren und nicht etwa draußen in der Welt? Weil die Seele wie Gott gleichsam ein und alles ist. Denn alles, was wir denken, erfahren und wahrnehmen, geht ja durch unsere Seele, durch unser Ich. So ähnelt die Seele Gott, ja ist ihm letztlich gleich – und Gleiches kann nur durch Gleiches erkannt werden, wie ein antiker philosophischer Grundsatz seit Platon und Aristoteles sagt.

---

6 *Ders.*, ebd., 413.

Aber gibt es das denn: zwei Größen, Gott und die Seele, die je für sich allein ein und alles wären? Es kann doch nur Eines ein und alles sein?! Ja, das stimmt, und deshalb, so sagen die Mystiker, sind ja auch im Grunde Gott und die Seele letztlich eins, ununterscheidbar miteinander identisch. Diese grundlegende Einheit des Menschen in seinem Innersten mit Gott nennt man »unio mystica« – sie zu erleben und zu schauen ist für die Mystiker höchste Seligkeit, denn darin besteht des Menschen Ziel und Heil. Kaum ein anderes Wort in der Sprache der Mystik wird deshalb so oft benutzt wie das Wort »Einheit« und seine Varianten: Vereinigung, Einssein, Einöde, Einsamkeit etc. Man könnte sogar Mystik mit der Erfahrung von schlechthinniger Einheit charakterisieren: »Dass wir so eins werden mit Gott, dazu helfe uns ›ein Gott, Vater aller‹. Amen«[7] – so und in ähnlichen Formulierungen beendet daher Meister Eckhart oft seine Predigten.

Doch obwohl wir in der Tiefe unserer Seele immer schon mit Gott ununterscheidbar verbunden sind und eins sind, ist diese »unio mystica« uns nicht immer, ja nur selten bewusst. Zumeist ist diese Einheit des Menschen mit Gott verdeckt, verstellt, verschüttet. Sie muss erst wieder frei gelegt werden, um in unser Bewusstsein zu gelangen. Zwar ist die Einheit mit Gott und damit das Heil schon da, aber eine Wolke hat sich wie zwischen unser Auge und die Sonne geschoben und verdeckt sie, wie Meister Eckhart sich bildlich ausdrückt. Oder sie ist wie ein Brunnen mit frischem Wasser, aber der Brunnen ist verschüttet und muss erst wieder offengelegt werden, wie es mit einem anderen Bild beschrieben wird. Alles, was uns die Einheit mit Gott verstellt, muss abgebaut werden. Dazu haben viele Mystiker eine Art Methode entwickelt (via purgativa, illuminativa, unitiva), so dass wir Schritt für Schritt oder Stufe um Stufe höher zur unmittelbaren Einheitserfahrung mit Gott gelangen können.

Diese Stufen beinhalten zum Beispiel, dass wir uns zunächst an bestimmten Vorbildern für ein heiliges Leben orientieren, dass wir dann nach Gottes Geboten richten, danach aus demjenigen leben, was aus unserer eigenen Liebe zu Gott folgt, ohne auf Gebot und Vorbild zu achten, ja, dass wir um des Guten willen sogar das Böse erleiden und uns dem aussetzen, dass wir uns schließlich selbst und unseren Eigenwillen, auch wenn er das Gute will, ganz aufgeben und »gelassen« werden, um dann schließlich kraft göttlicher Gnade die unverhüllte Einheit mit Gott, mit uns selbst und allem, was ist, d.h. die Gottesgeburt in der Seele zu erleben.[8] »So weit du ausgehst von allen Dingen, so weit, nicht weniger und nicht mehr, geht Gott ein mit all dem Seinen, dafern du in allen Dingen dich des Deinen völlig entäußerst. Damit heb an, und laß dich dies alles kosten, was du aufzubringen

---

7 Ders., ebd., 255.
8 Vgl. ders., ebd., 142f.

vermagst. Da findest du wahren Frieden und nirgends sonst«, heißt es bei Meister Eckhart.[9] Das ist das Ziel der ewigen Seligkeit, die aber – darauf legen die Mystiker größten Wert – nicht irgendwann nach dem Tod zu erwarten ist, sondern hier und jetzt im Augenblick, im Alltag wirklich werden kann, im »ewigen Jetzt« (nunc aeternum oder nunc stans).

Manche Kritiker der Mystik halten nun dagegen, dass doch Gott durch solche Methoden gleichsam gezwungen werden soll, seine Gnade in den Menschen einzugießen, und das sei doch etwas Gotteslästerliches. Denn ein methodischer Zwang widerspreche doch der freien und unverfügbaren Gnade Gottes. Aber das ist ein Missverständnis. Denn es soll durch solche Anleitungen nur Raum im Menschen geschaffen werden, damit Gott wirken kann. Das Heil soll und kann nicht durch menschliches Tun oder Lassen hergestellt, aber es kann so offenbart werden. Die Gnade Gottes wird dadurch nicht herbeigezwungen, sondern nur sichtbar gemacht. Es ist, gleichnishaft gesprochen, wie wenn Wasser kraft seiner eigenen Natur fließt, sobald der Staudamm abgetragen wird. Es hätte auch da keinen Sinn zu sagen: Das Wasser wird zu Unrecht durch das Abtragen des Staudamms gezwungen zu fließen. Es fließt eben, sobald ihm Raum eröffnet wird – das ist sein eigenes Naturgesetz. Und Gott schenkt Gnade, gemäß seinem eigenen Wesen, das nicht abhängig ist vom Menschen und seinem Tun.

Diese sehr »reformatorisch« klingende Überlegung hat auch Martin Luther (1483–1546) angesprochen. Denn ihm ging es ja wie der Mystik darum, die göttliche Gnade gegenüber allem menschlichen frommen Tun herauszustellen. Er kannte die Mystik über die Schriften eines geistlichen Sohnes Meister Eckharts, nämlich Johannes Tauler (ca. 1300–1346). Auch eine der mystischen Grundschriften, die sog. »Theologia deutsch«, hielt Luther für so bedeutsam, dass er sie mehrfach herausgegeben und mit einem wohlwollenden Vorwort versehen hat.

Und doch: Es gibt gravierende Unterschiede zwischen Luthers reformatorischer Theologie und den Anliegen der Mystik. Denn nach Luther gibt es kein unmittelbares Einssein mit Gott, das immer schon da, wenn auch zumeist verdeckt wäre. Die Sünde, die in ihrer Radikalität von den Mystikern so nicht gesehen wird, ist vielmehr der Grund einer abgrundtiefen Trennung von Gott und Mensch, die nur durch die Vermittlung des Gottessohnes Jesus Christus überbrückt werden kann. Somit liegt das erhoffte, nicht jetzt schon erlebbare Heil des Menschen nicht in ihm selbst, in seinem »Seelenfünklein« oder in seinem »edlen« Innersten, wie Meister Eckhart behauptet, sondern das Heil liegt außerhalb des Menschen, »extra nos« in Jesus Christus, wie Luther immer wieder betont. Es muss uns von außen, durch das Wort und die Sakramente, zugesprochen und mitgeteilt werden, um für uns wirklich

---

9 Ders., ebd., 57.

werden zu können. Es kann nicht unabhängig von Verkündigung und anderen Vermittlungsinstanzen allein aus dem Menschen selbst geholt werden.
Nach mystischer Auffassung liegt das Heil im Menschen selbst und braucht nicht durch äußere Instanzen – etwa durch die Institution Kirche – vermittelt zu werden. Vielleicht ist diese Überzeugung mit ein Grund dafür, dass sich viele, dem »offiziellen« Kirchen-Christentum ferner stehende Menschen gerade in heutiger Zeit von mystischem Gedankengut angezogen fühlen. Bezeichnenderweise wird dem modernen, aufgeklärten Menschen solche Religiosität weniger von der Kanzel oder aus theologischen Lehrbüchern nahegebracht, sondern vielmehr durch die poetische Welt der Dichtung. Rainer Maria Rilke (1876–1926), Hermann Hesse (1877–1962) und Robert Musil (1880–1942) wären in diesem Zusammenhang zu nennen, sind doch alle drei von der Mystik stark beeinflusst. Auch die Tatsache, dass mystische Religiosität nicht notwendigerweise mit einer bestimmten Religion oder Konfession verbunden ist, sondern gleichsam in ökumenischer Weite und Verwandtschaft auftritt – z.B. im Sufismus des Islam, in der Kabbala des Judentums, im Hinduismus und im Zen-Buddhismus, im Katholizismus wie im Protestantismus (Gerhard Tersteegen; Albert Schweitzer) –, macht die Mystik gerade für den weltoffenen, modernen Menschen der Gegenwart attraktiv, wenn er überhaupt einen Sinn für Religion hat. Auch scheint die Gegenwart wie die früheren Blütezeiten der Mystik durch tiefgreifende Krisenerfahrungen gekennzeichnet zu sein, und in Krisenzeiten entsteht oft ein Einheits- und Harmoniebedürfnis, das die mystische Gotteserfahrung befriedigen will. Nach Friedrich Nietzsche (1844–1900) entsteht daher Mystik, wenn »Scepsis und Sehnsucht sich begatten«.[10]
Allerdings hat die Mystik, um noch einmal auf einen ihrer tiefsinnigsten Repräsentanten des christlichen Abendlandes, nämlich auf Meister Eckhart zurückzukommen, wegen ihrer gewagten, oft auch anstößigen Formulierungen immer einen gewissen Hang zur Häresie. Um die Unangemessenheit menschlicher Vorstellungen und dogmatischer Begriffe in Bezug auf den an sich unnennbaren Gott deutlich werden zu lassen, spricht z.B. Meister Eckhart davon, Gott um Gottes willen zu »lassen«,[11] ja er identifiziert manchmal sogar Gott mit dem Nichts,[12] so dass seine Mystik vordergründig betrachtet einen Zug zum Atheismus oder gar zum Nihilismus hat. Papst Johannes XXII. hat dann auch mit seiner Bulle »In agro dominico« aus dem Jahre 1329 auf solche und ähnliche Gedanken Meister Eckharts reagiert, indem er sie als Ketzerei oder zumindest als der Ketzerei verdächtig verurteilt hat. Doch diese Verurteilung hat den Lese- und Lebemeister nicht mehr zu

---

10 *Friedrich Nietzsche*, Musarion-Ausgabe Bd. XIV, 22.
11 *Meister Eckehart*, Deutsche Predigten und Traktate, a.a.O., 214.
12 Vgl. *ders.*, ebd., 196f.

Lebzeiten erreicht; er hat sich ihr gleichsam durch seinen Tod im Jahre 1328 still entzogen.

Viele Christen heute werden wie damals Papst Johannes XXII. ähnliche Schwierigkeiten haben, die Mystik mir ihren eigenen traditionellen Glaubensüberzeugungen zu vereinbaren. Aber man sollte nichtsdestoweniger die tiefe, aufrichtige und auch wohldurchdachte Frömmigkeit der Mystik nicht verkennen. Sie stammt aus einem brennenden, von Gottesliebe durchglühten Herzen, die sich deshalb auch nicht zwanghaft der Welt und ihren Aufgaben entziehen muss, sondern in tätiger »Gelassenheit« in ihr lebt und wirkt. Mystik hat nicht notwendigerweise eine Tendenz zur Weltflucht, aber sie reibt sich nicht in Geschäftigkeiten auch eines frommen Aktivismus auf. Das verdeutlicht Meister Eckhart mit seiner bedeutenden Predigt über Maria und Martha (Lk 10,38–42), wobei entgegen dem üblichen Verständnis die Martha und ihr Tun höher geschätzt wird als Maria und ihr bloßes Lauschen auf die Worte Jesu. Denn Martha ist für Meister Eckhart die Reifere von beiden, die »bei« den Dingen des alltäglichen Tuns steht, ohne »in« dem geschäftigen Treiben unterzugehen. Sie ist sich ihrer Einheit mit Gott gewiss.[13]

Mystik und Esoterik

Fragt man nach dem Verhältnis von Mystik und Esoterik, so muss man sich zunächst darüber im klaren sein, dass es »die« Mystik genauso wenig gibt wie »die« Esoterik. Letztere ist vielleicht noch schwieriger begrifflich zu fassen, weil sie eher einer nicht-institutionalisierten Szene gleicht, als dass sie ein distinktes Phänomen ist. Unter diesem Vorbehalt kann aber doch gesagt werden, dass das Verhältnis von Mystik und Esoterik weder das von Freunden noch das von Feinden ist, sondern vielmehr das von Geschwistern, die sich manchmal zanken, einiges gemeinsam haben oder machen, sich aus den Augen verlieren und kaum noch etwas voneinander wissen, sich von einander entfremden und sich nichts mehr zu sagen haben, auf gegenseitige Abgrenzung bedacht sind – aber auch aus gemeinsamer Herkunft leben. Es wiederholt sich hier in gewisser Weise ein Verhältnis, wie es zur Zeit des frühen Christentums mit der Gnosis bestanden hat. Der Kolosserbrief (Kap 2,8–23) ist ein erstes Zeugnis (um 80 n.Chr.) für diese spannungsgeladene Beziehung in neutestamentlicher Zeit: Gegen die esoterisch-synkretistische Verehrung von Himmelsmächten, Engeln und »Elementen« sowie die strenge Beobachtung von Speise- und Feiertagsgeboten von »Eingeweihten« setzt der Verfasser des Kolosserbriefes Christus, den Pantokrator, der über alle Welt- und Himmelsmächte

---

13 Vgl. *ders.*, ebd., 280–289.

herrscht und sie entmachtet hat. Insofern wird die moderne Esoterik auch mit Recht »Neo-Gnostizismus« genannt.[14] Ihre gemeinsame Herkunft, ihr Oberbegriff, ist »Religion«, auch wenn manche Spielarten von Esoterik sich gerade von (jedenfalls institutionalisierter) Religion abgrenzen möchten.

Nun ist es wiederum genauso schwierig, »Religion« zu definieren, wie auch »Mystik« und »Esoterik«. Zum Zweck einer systematisch-theologischen Verständigung folge ich hier Paul Tillichs (1886–1965) sehr weitem Verständnis von Religion als Ergriffensein von dem, was uns unbedingt angeht.[15] Auch Friedrich D.E. Schleiermachers (1768–1834) Bestimmung von Religion als »Gefühl schlechthinniger Abhängigkeit«[16] ist hier zum Aufweis von Beziehungen und Unterscheidungen zwischen Mystik und Esoterik hilfreich, wobei die christliche Religion bestimmt ist durch das Gefühl schlechthinniger Abhängigkeit in Bezug auf die Erlösung durch Jesus Christus.[17] Wenn nun unter »Mystik« die religiöse Erfahrung unmittelbarer Einheit des Menschen mit Gott verstanden werden kann, dann meint »Esoterik«[18] das religiöse Wissen und/oder die religiöse Erfahrung von der inneren (griech.: esoterikós) Zusammengehörigkeit aller Dinge, die äußerlich (griech.: exoterikós) betrachtet völlig disparat sein mögen. Im Grunde aber hängt alles mit allem harmonisch in einem »Netzwerk« zusammen, es ist ein Absolutes in polarer Einheit aller Dinge z.B. als Energiefluss. In diesem holistischen Denken der Esoterik[19] herrschen daher Analogien vor, z.B. zwischen Makro- und Mikrokosmos, oben und unten, innen und außen, so dass auch wechselseitige Beeinflussungen angenommen werden können. Mit »Esoterik« kann aber auch ein Geheimwissen gemeint sein, das nur einem inneren (esoterikós) Kreis Auserwählter und Eingeweihter zugänglich ist. Und wenn auch diese historisch richtige Worterklärung bei gegenwärtig 10 % Marktanteil am Buchhandel und 20 % von der Esoterik zugetanen Menschen in Deutschland, Österreich und der Schweiz nicht mehr leitend sein kann (denn »geheim« ist hier nichts mehr),[20] so besteht auch hier eine Gemeinsamkeit zur Mystik. Denn dieses Fremdwort wird nicht nur auf das griechische »myein« (=

---

14 Vgl. *Josef Sudbrack*, Neue Religiosität. Herausforderung für die Christen, Mainz ³1988, 22f; *Medard Kehl*, New Age oder Neuer Bund? Christen im Gespräch mit Wendezeit. Esoterik und Okkultismus, Mainz ²1988, 86–105.
15 Vgl. z.B. *Paul Tillich*, Philosophie und Religion (1930), in: GW V, Stuttgart ²1978, 101ff.
16 *Friedrich D.E. Schleiermacher*, Der christliche Glaube (1821/22), § 9.
17 Vgl. *ders.*, ebd., § 18.
18 Vgl. zum Folgenden *Hartmut Zinser*, Art. »Esoterik«, in: RGG II, Tübingen ⁴1999, Sp. 1580f.
19 Vgl. *Hans-Jürgen Ruppert*, Heilung im Heilsstrom. Totalitäre Ganzheitlichkeit in der Esoterik, in: EvKomm Heft 10/1997, 572–576.
20 Vgl. *Roman Schweidlenka*, Esoterik. Neue Trends seit 1990, in: Materialdienst der EZW 7/1995, 203–210.

die Augen, den Mund schließen) zurückgeführt, sondern auch auf das griechische »mysterion« (= Geheimnis).

Dennoch wäre es verkehrt, Mystik und Esoterik gleichzusetzen, auch wenn es fließende Grenzen und gleitende Übergänge sowie »Familienähnlichkeiten« gibt, um diesen Ausdruck Wittgensteins zu benutzen. Denn beides ist institutionskritische und transkulturelle Religion und kann Ausdruck des Ergriffenseins vom Unbedingten vor dem Hintergrund eines ausgeprägten Krisenbewusstseins sein. Insofern gibt es in der Mystik auch »Esoterisches« in beiden o.g. Bedeutungen des Wortes – die These von der inneren, auf Schöpfung und Erlösung verweisenden Zusammengehörigkeit aller Dinge im göttlichen Absoluten sowie auch eine Art Geheimwissen (etwa die Zahlenmystik der Kabbala) –, wie es auch umgekehrt Mystisches in der Esoterik gibt – insbesondere das ausgeprägte Heilsverlangen und eine starke Erlösungssehnsucht. Aber es fehlt der Esoterik der konstitutive Bezug auf Erlösung angesichts der Überzeugung, dass Menschen sich ihr eschatisches Heil nicht selbst verschaffen können, dass sie soteriologisch (von griech.: soteria = Rettung, Heil) ohnmächtig und in dieser Hinsicht auf die Gnade Gottes angewiesen und von dieser »schlechthin abhängig« sind (entsprechend dem reformatorischen Grundsatz »sola gratia«, der auch in der Mystik eine entscheidende Rolle spielt). Wie die Mystik daher von Ekstase und Gelassenheit spricht und damit vor allem ein sich selbst Lassen meint, so befestigt im Unterschied dazu z.B. die in der Esoterik häufig vertretene Überzeugung von einer Reinkarnation gerade die These von einer soteriologischen Macht des Menschen, letztlich für sein Heil – in immer neuen Anläufen und Versuchen – selbst verantwortlich zu sein. Hier stehen sich die gelassene Selbstaufgabe des Menschen in der Mystik und die angestrengte Selbstsuche des Menschen in der Esoterik gegenüber. Wenn es demnach zu einer theoretischen, argumentativen Auseinandersetzung zwischen Mystik und Esoterik kommen soll, dann auf dem Boden des jeweiligen Menschenbildes, der Anthropologie, und des damit korrespondierenden Heilsverständnisses, der Soteriologie.

Gegenüber diesem anthropologisch-soteriologischen Vergleichs- und Unterscheidungsgrund treten andere Verhältnisbestimmungen zwischen Mystik und Esoterik als weniger hilfreich zurück, wie z.B. das sonst häufig in den Vordergrund gerückte Gottesverständnis (personaldialogisch statt pantheistisch-unpersönlich). Insbesondere hat es wenig Sinn, ihr Verhältnis zueinander nach den Kategorien von wahr oder falsch, Glaube und Aberglaube, rational und irrational, nützlich und schädlich, Gotteswort und Menschenwort, echte Religion und Religionsersatz etc. zu beurteilen.[21] Denn das alles lässt sich kaum objektiv

---

21 Gegen solche immer noch verbreiteten Klischees argumentiert die informative Sammelrezension »Die Metaphysik der dummen Kerle« von *Ludger Lütkehaus*, in: DIE ZEIT Nr. 28 vom 6.7.2000, 47f.

feststellen bzw. all das kommt hier wie dort vor. Interessanterweise kann daher auch die Mystik der Esoterik genau dasjenige vorwerfen, was sonst der Mystik von anderen vorgeworfen wurde und immer noch wird: Sie sei irrationaler, elitärer, totalitärer, reaktionär-konservativer bis faschistischer Aberglaube. Wenn man sich aber dessen bewusst ist, dass es unter den Mystikern auch Denker wie Nikolaus von Kues und Meister Eckhart, und unter den der Esoterik Nahestehenden auch Geistesgrößen wie Dante, Shakespeare, Goethe und George Sand gibt, erweisen sich solche wechselseitigen Vorwürfe zumindest in ihrer Pauschalität als fragwürdig. Entscheidendes Kriterium kann in diesen Zusammenhängen eigentlich nur das gelebte Leben selbst sein (»an den Früchten sollt ihr sie erkennen...« nach Mt 7,16). Umgekehrt bedeutet das aber auch, dass aus Gründen eines gesellschaftlichen Relevanzverlustes christlicher, auch mystischer Traditionen nun nicht der Anschluss an die gegenwärtig populäre Esoterikwelle gesucht oder Esoterisches in den eigenen Traditionen gleichsam anbiedernd betont werden müsste. Ebenso wenig wäre es überzeugend, wenn sich Esoteriker als die wahren Christen oder Mystiker präsentieren würden. Denn bei aller gemeinsamen Herkunft (»Religion«) ist das eine dem anderen fremd,[22] ohne dass es hier deswegen wechselseitige Anathematismen und Denunziationen geben müsste. Auch der Versuch, die jeweilige Akzeptanz durch einen (insbesondere im Capraismus[23] sehr gesucht wirkenden) Anschluss an (Natur-) Wissenschaft zu steigern, ist insofern wenig erfolgversprechend. Denn beides – Mystik wie Esoterik – ist Religion und nicht Wissenschaft bzw. metaphysische Kosmologie oder Naturphilosophie, obwohl natürlich auch hier die Grenzen fließend sind.

Im Verhältnis zwischen Mystik und Esoterik kann und sollte es also weder um polemische Abgrenzungsversuche noch um krampfhaftes Beteuern von dann doch mehr oder weniger peripheren oder unspezifischen Gemeinsamkeiten gehen. Der Sinn einer solchen Verhältnisbestimmung liegt vielmehr darin, sich angesichts des fremden Anderen auf sich selbst zu besinnen, das Andere auch zum Anlass einer Selbstkritik, vielleicht sogar zu einer Selbstrelativierung zu nehmen. Und es ist in diesem Zusammenhang eine Stärke der Mystik, dass sie das ohne Angst vor Identitätsverlust tun kann. Ob die Esoterik auch dazu in der Lage ist, muss dagegen wohl bezweifelt werden. Das hat mit der m.E. entscheidenden Frage in Bezug auf das gelebte Leben zu tun, ob nämlich und ggf. inwieweit Mystik bzw. Esoterik es vermag, produktiv mit den Unsicherheiten, Relativitäten und Ambivalenzen des Daseins um-

---

22 Analog z.B. zur Bezeichnung von Magie als »fremdes Denken«, vgl. dazu *Hans-Günter Heimbrock / Heinz Streib* (Hg.), Magie. Katastrophenreligion und Kritik des Glaubens, Kampen 1994, 7–14.
23 Vgl. z.B. *Fritjof Capra*, Das Tao der Physik. Die Konvergenz von westlicher Wissenschaft und östlicher Philosophie (engl. 1975), Bern/München 1984.

zugehen. Dazu gehören vor allem die Probleme des Bösen und des Leids, der Schuld und der Verzweiflung, das Respektieren von Unverfügbarkeit und Geschichtlichkeit, die Zweideutigkeiten der Naturerfahrung, die Art und Weise, mit Skepsis und Zweifel umzugehen, kurz: das Problem der Kontingenz. Hier scheint die Esoterik, insbesondere soweit sie sich mit Astrologie, Magie und Heilkunst befasst, unter einem nicht einlösbaren Erfolgszwang zu stehen, zum Zweck berechenbarer Lebenssicherung (lat.: securitas) alles in den Griff bekommen zu müssen. Im Unterschied dazu braucht die Mystik wegen ihrer genuinen Erfahrung von Gnade, Selbstbescheidung und Gelassenheit solche »Erfolgsstories« nicht und kann sich so gerade angesichts der Ambivalenzen und Kontingenzen des Lebens in religiöser Gewissheit (lat.: certitudo) bewähren. Denn die Mystik weiß durchaus unterschiedliche Stufen des Heils sowie zwischen irdischem Wohlergehen und eschatischem Heil, gleichsam zwischen »vorletzten« und »letzten Dingen« (D. Bonhoeffer) zu unterscheiden – eine Unterscheidung, die in der Esoterik zu verwischen droht bzw. im Rückzug auf eine vermeintlich überschaubare und harmonisch-heile Welt übersprungen wird. Mystik entsteht – so das bereits erwähnte Zitat von Nietzsche –, wenn Skepsis und Sehnsucht sich begatten. Esoterik aber muss die Skepsis meiden, wenn sie sich nicht selbst aufgeben will.

Sich selbst kritisch im Licht des Anderen verstehen – so könnte sich die Esoterik angesichts der Mystik und ihrer »einfältigen« Sprache selbst fragen, ob sie nicht an einem inneren Widerspruch leidet. Denn einerseits versteht sich die Esoterik ja als Gegenwurf zur neuzeitlich-rationalistischen, technisch-ökonomischen Weltanschauung und ihrer Krise, indem sie ein transrationales, magisch-mythisches und ganzheitliches Wirklichkeitsverständnis vertritt. Andererseits bemüht sie sich aber selbst um technisch-methodisches Verfahren, um wissenschaftlich-rationale und auch ökonomische Vorgehensweisen, wie sie insbesondere im betonten Pflegen einer komplizierten »wissenschaftlichen« Terminologie und »wissenschaftlicher« Seminare, aber auch im geomantischen Kultstätten-Tourismus mit einem ausgeprägten Sinn für das Spektakuläre deutlich wird.

Hier liegt eine Diskrepanz von Form und Inhalt der Esoterik vor, indem sie gerade das mit einem geschichtsphilosophischen Fortschrittsoptimismus und einer Machbarkeitsideologie des 19. Jahrhunderts übernimmt, was inhaltlich kritisiert wird.

Umgekehrt könnte sich die eher geschichtslose Mystik angesichts der Esoterik selbst fragen, ob sie das noch vermag, was die Esoterik für viele so attraktiv macht,[24] nämlich das wirkmächtige Wort in einem persönlich-individuellen Bezug. Kann sie noch die authentische und

---

24 Vgl. *Jörg Wichmann*, Die Renaissance der Esoterik, Stuttgart 1990 und *Georg Schmid*, Im Dschungel der neuen Religiosität. Esoterik, östliche Mystik, Sekten, Islam, Fundamentalismus, Volkskirchen, Stuttgart 1992.

existenzielle Relevanz ihrer Überzeugungen für die alltäglichen Sorgen und Probleme deutlich werden lassen? Mystik sollte sich um ihrer selbst willen der Heilssehnsucht der Menschen, der Sehnsucht nach Einheit und Frieden mit der Welt, der Natur und mit sich selbst annehmen und sie angesichts der Erfahrung gegenwärtiger Gottesferne thematisieren. Das bedeutet nicht, diese Sehnsüchte erfüllen zu müssen, aber es bedeutet, Skepsis und Sehnsucht gleichermaßen zu Wort kommen zu lassen, so dass Kopf und Herz befriedigt werden können.

N. Peter Levinson

Der Mensch ist, was er isst

Das Essen gehört zu den wichtigsten lebenserhaltenden Beschäftigungen des Menschen. Wir alle müssen essen. Es kommt nur darauf an, ob wir daraus eine notwendige, aber auch zeitverschwendende Angelegenheit machen oder auch eine sehr erfreuliche, lustgebende.
Wir können die Menschen geradezu danach einteilen, ob sie Freude am Essen haben oder es als eine notwendige, aber nicht weiter interessierende Sache betrachten.
Das Essen gehört zum Leben, und dazu gibt es, so meine ich, drei wesentliche Einstellungen. Man kann die Dinge des Lebens entweder bejahen, begünstigen, kultivieren, schätzen, man kann sie aber im Gegenteil auch als eine zu verdrängende zeitraubende Last betrachten, oder man kann versuchen, sie zu einem höheren Zweck oder Ziel einzusetzen. Die verschiedenen Religionen, Philosophien, Lebenshaltungen haben hierzu verschiedene Haltungen oder auch Techniken entwickelt. Und das bezieht sich nicht nur auf das Essen, sondern auch auf andere lebensnotwendige Tätigkeiten, auf Kleidung, Arbeit, gesellschaftliche Aktivitäten, Sexualität, Sport, Kunst, Religion.
Es gibt Menschen, die leben, um zu essen, Speise ist ihnen Lebenszweck, Vergnügen, körperliche Befriedigung das Ziel, für das es sich zu leben lohnt. Leben ist identisch mit Genuss. Da es hier manchmal Probleme durch Rivalitäten, Mangel, Übersättigung gibt, werden diese Aktivitäten durch Sitte, Religion, Staat und Gesellschaft, hier und da, soweit notwendig, eingeschränkt. Aber grundsätzlich herrscht hier der Genuss, die Anbetung der Natur, der animalischen Seite menschlicher Existenz. Das ist die eine Möglichkeit.
Die zweite ist der absolute Gegensatz zur ersten. Aufgescheucht durch die Grenzenlosigkeit des heidnischen Genussdenkens ziehen sich andere vollkommen von der Welt zurück. Ihnen behagt nicht der Libertinismus, und sie ziehen die Meditation, die Einsamkeit, die Beherrschung der Triebe vor. Dazu gehören einige Gruppen innerhalb des Christentums, die sich von jüdischem Einfluss losgelöst haben, und besonders Systeme des Fernen Ostens, die in den letzten Jahren viele Anhänger haben finden können, wie der Buddhismus, der Hinduismus, mit Betonung von Askese und Weltferne, Fasten und Ehelosigkeit. Nicht die Welt gilt es zu ändern, sondern sie zu verlassen. Nirwana,

das Fehlen von Lust, Wünschen, das Aufhören vom Jagen nach Macht, Ruhm, Geld, Besitz, Sex, das ist das Ziel. Das alles bringt kein Glück, sondern nur den Wunsch nach mehr, Unersättlichkeit, Hunger und endloses Suchen.
Der dritte, der jüdische Weg zieht sich weder aus der Welt zurück, noch betont er den Genuss als Höhe menschlichen Strebens. Es gab immer verschiedene Versuche, die Gründe für die Speisevorschriften bei den Juden zu erklären. Zunächst betonte man die pädagogische Seite, die Disziplin: sich daran zu gewöhnen, nicht alles zu tun, was man möchte. Man soll sich beherrschen lernen. Nicht zu sagen: Dies oder jenes mag ich nicht, sondern zuzugeben, so ein Schinkenbrötchen oder ein Shrimpscocktail ist eine wunderbare Sache, aber die Tora hat es verboten, und darum esse ich es nicht. Das ist ein Grund, der angeführt wird. Ein anderer ist die gesundheitliche Gefahr gewisser Lebensmittel. So kann Schweinefleisch Trichinen enthalten und Meeresfrüchte Typhuserreger. Auch ist das Zusammenessen von Milch- und Fleischprodukten gesundheitlich bedenklich. Blut ist wegen seiner schnellen Zersetzung als Nahrungsmittel zu vermeiden, und besonders in warmen Zonen ist Vorsicht geboten. Andere Verbote, wie das Essen verendeter Tiere, sind schon dem gesunden Menschenverstand zugänglich.
Ein weiterer Grund für die Speisegebote, so wird behauptet, liegt in der Trennung von Nichtjuden und Juden. Gesellschaftliche Treffen, wo nicht nur gegessen, sondern auch Alkohol getrunken wird, fördern die Assimilation und tragen zum Verschwinden des jüdischen Volkes bei. Bei einem so extremen Minoritätenstatus ist ein solches Argument nicht von der Hand zu weisen. Trotzdem erscheint vielen heute eine solche Behauptung als veraltete Ghettomentalität.
Alle diese Begründungen enthalten wahre Elemente. Aber keine von ihnen wird von der Schrift als ausschlaggebend angeführt. Die einzige Begründung, die in den verschiedenen Quellen erwähnt wird, hat nichts mit körperlicher oder nationaler Gesundheit zu tun, sondern mit geistiger. »Denn ich bin der Ewige, euer Gott, so heiligt euch, dass ihr selig seid, denn ich bin heilig...« (3Mose 11,44). Dieses Motiv erscheint wieder in 3Mose 20,25 und 5Mose 14,21, desgleichen 2Mose 22,30. Mit anderen Worten: Hier ist immer nur von Heiligung die Rede und von keinem anderen Argument.
Worum geht es hier? Im Gegensatz zu den oben angeführten Haltungen will das Judentum weder die Kräfte der Natur verherrlichen noch sie eliminieren, sondern es will sie in das Leben einbauen. Denn sie sind Teil des Lebens, und daher müssen sie sublimiert und systemkonform angegangen werden.
Ich wiederhole: Es geht nicht um Gesundheit, sondern um Heiligung. Für die Heiden waren die Kräfte der Natur heilig. Das Christentum unterdrückte sie als Sünde, das Judentum diente Gott durch sie. Im

Heidentum wird das Tier im Menschen freigesetzt. Das Christentum betrachtete die Natur als unheilig und frustrierte die natürlichen Triebe des Menschen. Im Judentum ist die Natur weder heilig noch unheilig, sondern sie wartet darauf, heilig gemacht zu werden, und die natürlichen Triebe des Menschen werden durch ein System von Geboten dazu gebracht, Gott zu dienen.
Das Christentum kämpfte einen heroischen Kampf gegen das Heidentum. Aber es zog sich aus diesem Kampf zurück und überließ einen zu großen Teil der Welt den heidnischen Kräften der Zerstörung. Nirwana ist die Kapitulation des Menschen vor dem Bösen. Die Welt ist weder zu vergotten noch zu verketzern, zu glorifizieren oder zu unterdrücken, anzubeten oder zu verachten. Sie ist zu heiligen, und hier liegt unsere Hoffnung für die Zukunft. Ich zitiere Teile aus Buber, leider nicht im Original: »Wir müssen die Scheidung zwischen dem Heiligen und dem Profanem beseitigen.« Diese Scheidung wurde Teil jeder Religion. Überall wird das Heilige von der Fülle der Dinge entfernt und geschieden. Es bleibt so isoliert, außerhalb. Die Folge dieser Trennung in der menschlichen Geschichte ist eine doppelte: Religion wird eine feste Provinz, deren Unberührbarkeit immer garantiert bleibt. Aber das Heilige erhält keine ebenbürtige Macht im Rest des Lebens. Im Judentum muss man nur sehen, wie viele tägliche Verrichtungen durch einen Segensspruch eingeführt werden, um zu erkennen, wie tief das Heilige hineinreicht in das, was selbst unheilig ist. Man segnet Gott nicht allein jeden Morgen, dass er uns wieder hat erwachen lassen, sondern auch, wenn man ein neues Haus bezieht oder ein neues Kleidungsstück anzieht, indem man bis zu dieser Stunde am Leben blieb. So ist die einfache Tatsache der weitergehenden Existenz jedes Mal geheiligt, wenn sich die Gelegenheit ergibt. Die Trennung zwischen den Gebieten ist nur zeitweilig. In der messianischen Zeit wird alles heilig sein. Das Profane ist nur noch nicht geheiligt.
Nach einem der Rabbinen des Talmud ist das wichtigste Wort in der Bibel in den Sprüchen: »Kenne ihn in allen deinen Wegen«. Betont wird hier: »in allen«. Es kommt besonders auf die täglichen kleinen Dinge an, durch die wir Ihm dienen. Nicht nur in der Synagoge oder in den Dingen, die meist als »religiös« bezeichnet werden, sondern in den täglichen Dingen sollen wir Gott nahe sein. Deshalb sprechen wir auch über Routineverrichtungen Segenssprüche. Und deshalb beschäftigen wir uns hier mit dem Essen. Es ist etwas Tägliches, vielleicht Triviales, aber wichtiger vielleicht als ein Dogma. Es soll erhoben, geheiligt werden. Es ist wichtiger, einen Segensspruch über ein Stück Brot zu sagen, als ein Glaubensbekenntnis. Das Denken folgt dann dem Tun. Daher ist das Koscher-Essen so wichtig, es macht das Profane heilig.
Vegetarier zu sein ist die ideale Existenz, deshalb war es im Garten Eden unmöglich, ein Tier zu töten, um es zu verzehren. Das Essen durfte nur aus Pflanzlichem bestehen. Zitat (1Mose 1,27ff): Und Gott

sprach: »Siehe, ich gebe euch alles Kraut, Samen tragend, das auf der Fläche der ganzen Erde, und jeglichen Baum, an welchem Baumfrucht, Samen tragend, euch sei zum Essen«. Die Erlaubnis, Tiere zu essen, kam erst mit Noah, nach dem Einbruch der Sünde. »Alles, was sich regt, was da lebt, euer sei es zum Essen, wie das grüne Kraut gebe ich euch alles. Doch Fleisch mit seinem Leben, seinem Blut, sollt ihr nicht essen« (1Mose 9,3f).
Das Gesetz für Adam und für Noah, beide zeigen uns den Menschen. Adam im Paradies, vor der Sünde, Noah danach. Noah war nicht zufrieden mit nur vegetarischer Kosten, mit der paradiesischen Gesellschaft. So rebellierte er. Er wollte Fleisch lebendiger Tiere, und er war auch bereit, dafür zu töten. So ist es mit seinen Nachkommen. Eigentlich sollten wir alle Vegetarier sein. Aber Menschen wollen das meistens nicht. So müssen sie dafür Leben opfern. Aber in der messianischen Zeit, da wird alles wieder sein wie vorher: »Und es wohnt der Wolf mit dem Lamme, und der Tiger lagert neben dem Böcklein und Kalb und junger Leu und Masttier zusammen. Und Kuh und Bär weiden, es lagern ihre Jungen zusammen, und der Leu, wie ein Rind, frisst Stroh« (Jesaja 11,6ff).
So sehen wir, dass das Fleischessen nur eine zeitweilige Konzession an den Menschen ist. Es geht immer um ethische Überlegungen. So dürfen auch nur Tiere gegessen werden, die nicht aggressiv sind wie Kuh, Schaf, Ziege, Reh, und bei den Vögeln sind Raubvögel wie Adler oder Habicht ausgeschlossen. Natürlich, wenn die Tiere schon getötet werden, muss dies durch möglichst humane Weise geschehen, durch einen Schnitt durch die Halsschlagader, so dass durch die unterbrochene Blutzufuhr das Tier das Bewusstsein verliert (Schächten!). Zu 5Mose 12,20 (wie es immer deine Seele begehrt) sagen die Rabbinen: Man sollte kein Fleisch essen, wenn man nicht ein besonderes Verlangen danach hat, und nur manchmal und wenig (Chullin 84a). Nur wer Tora lernt, darf Fleisch essen (Pessachim 49b). Von Rabbi Jehuda wird erzählt, dass er einmal kein Mitleid mit einem Kalb hatte, das geschlachtet werden sollte und sich in seiner Angst an ihn klammerte. Er stieß es weg und meinte: »Was kann ich tun? Dazu wurdest du erschaffen«. Daraufhin wurde er mit einer quälenden Krankheit gestraft, die erst heilte, als er sich in einer ähnlichen Situation eines Wiesels erbarmte (Bereschit Rabba 33,3). Er zitierte Psalm 15,9 »Gütig ist der Ewige gegen alle und sein Erbarmen über all seine Werke«.
Es ist Juden übrigens strengstens untersagt, sich als Jäger zu betätigen, wo das eine Angelegenheit des Sports ist. Es gibt darüber eine religionsgesetzliche Entscheidung von Rabbiner Ezechiel Landau (Prag) im 18. Jh. Hier sollte man den Respekt vor dem Leben erwähnen, der mit der Haltung Albert Schweitzers viel gemeinsam hat, wie auch die vielen Tierschutzgebote der Tora und der Rabbinen. So ist das Tier in die Sabbatruhe mit eingeschlossen, man darf sich nicht zu einer Mahlzeit

setzen, bevor man nicht seine Tiere gefüttert hat. Ochse und Esel dürfen nicht zusammen pflügen (5Mose 22,10), ein Schaf und sein Junges dürfen nicht zusammen geschlachtet werden (3Mose 22,26ff).
Beim Anlegen eines neuen Kleidungsstücks muss ein Segensspruch gesagt werden, außer bei Schuhen, weil dafür ein Tier sterben musste. Dies wird auch von einigen als Grund dafür angegeben, dass am Jom Kippur keine Lederschuhe getragen werden. Wie kann man am Versöhnungstag, einem Tag der Gnade und des Mitleides, ein Kleidungsstück anlegen, für das ein Tier getötet wurde? Steht nicht geschrieben: »Sein Erbarmen erstreckt sich über all seine Werke« (Psalm 15,9)?
Ich hoffe, nicht nur die Sorge um das Tier ist klar geworden, sondern die Heiligung des Lebens, gerade in den kleinen und für viele trivialen Dingen. Gerade diese gilt es einzubeziehen in die Heiligung des Lebens. Durch die Speisegesetze und ihre Disziplin wurde etwas, dass sonst in eine wilde Party ausufern könnte, eine Heiligung des Lebens. Das Triviale, das Alltägliche wird hineingenommen in das Göttliche. Der Ewige findet sich in der Küche wie im Gotteshaus, das Heilige am Speisetisch wie am Altar.

DIE AUTOREN

Dr. phil. *Hans-Ulrich Baumgarten* ist Privatdozent für Philosophie an der Universität Freiburg und Autor von »Handlungstheorie bei Platon. Platon auf dem Weg zum Willen« (Metzler 1998).

Dr. päd. *Eckart Gottwald*, Akademischer Oberrat und Privatdozent für evangelische Theologie/Religionspädagogik an der Universität Duisburg-Essen.

Dr. rer. pol. *Dieter Korczak* ist Soziologe und leitet das Institut für Grundlagen- und Programmforschung in München. Seine Arbeitsschwerpunkte liegen in der Erforschung von gesellschaftlichen Trends, der Lebensqualität und Nachhaltigkeit in Deutschland, der Theorie und Empirie von Verschuldung und Überschuldung privater Haushalte sowie in der Familien- und Gesundheitsforschung.

Rabbiner Prof. em. Dr. h.c. *Nathan Peter Levinson* ist Mitglied der Rabbinerkonferenz der Bundesrepublik Deutschland, Autor vieler Bücher und Buchbeiträge über religiöse und jüdische Themen. Die Gründung der Hochschule für Jüdische Studien in Heidelberg geht auf ihn zurück. Jetzt lebt er in Jerusalem.

Prof. Dr. theol. und Dr. phil. *Waldemar Molinski* SJ ist Emeritus für Katholische Theologie und ihre Didaktik an der Universität Wuppertal.

Dr. phil. *Christine Pantke* ist Ethnologin und Religionswissenschaftlerin. Sie hat über Religionsgemeinschaften in Bahia (Brasilien) gearbeitet und ist gegenwärtig wissenschaftliche Mitarbeiterin am Institut für Ethnologie der Freien Universität Berlin.

Prof. Dr. phil. *Harry Pross* ist Emeritus für Kommunikationswissenschaften der FU Berlin und lebt als Publizist in Weiler im Allgäu. Er ist Träger des Tucholsky-Preises und hat zahlreiche Bücher zur Zeitgeschichte und Medienpolitik veröffentlicht.

Prof. Dr. phil. *Hartmut Rosenau* ist Direktor am Institut für Systematische Theologie und Sozialethik an der Christian-Albrechts-Universität Kiel und hat sich in den letzten Jahren verstärkt mit theologischer Ästhetik beschäftigt.

Christian Thomas ist Mitarbeiter im Feuilleton der Frankfurter Rundschau.

Die Interdisziplinäre Studiengesellschaft e.V. (ISG)

Die Interdisziplinäre Studiengesellschaft, damals noch mit dem Zusatz »für Praktische Psychologie« e.V. (ISG), ist als gemeinnütziger Verein 1947 gegründet worden. Sie ist eine wissenschaftliche Gesellschaft, die seit ihrer Gründung interdisziplinär das Verhältnis von Mensch und Gesellschaft thematisiert und sich um Wissenstransfer bemüht. Dabei geht es zum einen um die Reflexion, Verbreitung und Anwendung geistes- und naturwissenschaftlicher Erkenntnisse, zum anderen um die Stärkung von Toleranz und Humanität, von Selbsterkenntnis, von Liebes-, Leistungs- und Urteilsfähigkeit sowie einem besseren Verständnis der Zusammenhänge und die Übernahme von Verantwortung gegenüber der Schöpfung.
Die Arbeit der Interdisziplinären Studiengesellschaft hat in 60 Jahrestagungen mit einem breiten Spektrum von Themen ihren Ausdruck gefunden. Die Gesellschaft publiziert seit 1977 ihre Arbeitsergebnisse in der Schriftenreihe für Praktische Psychologie.
Die Interdisziplinäre Studiengesellschaft ist ein Diskussionsforum für kritisches und reflexives Denken, das zur öffentlichen Meinungsbildung beiträgt. Sie steht jedem Interessierten offen, für den Toleranz, Humanität und die Verantwortung gegenüber der eigenen Person wie der Mitwelt zu den wesentlichen Kriterien einer lebenswerten Gesellschaft gehören.

Vorstand

1. Vorsitzender:
Dr. rer. pol. *Dieter Korczak*, Dipl. Volkswirt sozialwissenschaftlicher Richtung
Goethestr. 40
D–80336 München
Telefon 089/ 543449–60
Telefax 089/ 543449–88
Email   Dieter.Korczak@gp-f.com

2. Vorsitzender:
Prof. Dr. phil. *Hartmut Rosenau*, Institut für Systematische Theologie
Leibnizstr. 4
24098 Kiel
Telefon 0431/ 8802348
Email   hartmut.rosenau@email.uni-kiel.de
Geschäftsführung:

Dipl.-Ing. *Joachim Hecker*, Journalist
Frankfurter Straße 12
D–58095 Hagen/Westf.
Telefon 02331/ 183292
Telefax 02331/ 183293
Email   Joachim.Hecker@t-online.de

Kassenführung:
Daniela Eiden, Datenkauffrau
Münchener Straße 24
D–85368 Moosburg
Telefon 0 87 61/ 6 04 60
Telefax 0 87 61/ 84 87
Email daniela.eiden@moosburg.org

Wissenschaftlicher Beirat:

Philosophie: PD Dr. phil. Hans-Ulrich Baumgarten

Rechtswissenschaft: Prof. Dr. jur. Günther Jaenicke

Architektur, Technik: Prof. Dipl.-Ing. Ulf Jonak

Psychologie: Prof. Dr. med. Cornelia Krause-Girth

Jüdische Theologie: Prof. h. c. Dr. h. c. Nathan Peter Levinson

Katholische Theologie: Prof. Dr. theol. et phil. Waldemar Molinski SJ

Psychiatrie: Prof. Dr. med. Hans-Jürgen Möller

Naturwissenschaften: Prof. Dr. rer. nat. Anton Lerf

Medien und Kommunikationswissenschaft: Prof. Dr. phil. Harry Pross

Evangelische Theologie: Prof. Dr. phil. Hartmut Rosenau

Kunst und Kulturwissenschaft: Hannelore Schick

Medizin: Dr. med. Reinhard Schydlo

Schriftenreihe »Praktische Psychologie«

Band XXV: »Rummel, Ritus, Religion«, hg. von *Dieter Korczak* und *Hartmut Rosenau*, Neukirchen-Vluyn 2003, ISBN 3-7887-1989-3.

Band XXIV: »Das schöne, neue Leben«, hg. von *Dieter Korczak*, ISL-Verlag, Hagen 2001, ISBN 3-933842-55-7;

Band XXIII: »Gehirn – Geist – Gefühl«, hg. von *Dieter Korczak* und *Joachim Hecker*, ISL-Verlag, Hagen 2000, ISBN 3-933842-42-5;

Band XXII: »Tradition erhalten – Fortschritt gestalten, hg. von *Dieter Korczak* unter Mitarbeit von *Joachim Hecker*, ISL-Verlag, Hagen 1999, ISBN 3-933842-31-X;

Band XXI: »Sozialhygiene – Rückblick und Ausblick. Im Spannungsfeld der Motivationen 1947–1997«, hg. von *Harald Petri*, ISL-Verlag, Hagen 1998, ISBN 3-933842-00-X;

Band XX: »Zeit – Zeitgeist – Geist«, hg. von *Harald Petri*, Universitätsverlag Dr. Norbert Brockmeyer, Bochum 1997, ISBN 3-8196-O536-3;

Band IXX: »... rund um die Arbeit...«, hg. von *Harald Petri*, Universitätsverlag Dr. Norbert Brockmeyer, Bochum 1996, ISBN 3-8196-0469-3;

Band IIXX: »Menschen – Tiere – Pflanzen. Werden Tiere und Pflanzen als Mitgeschöpfe beachtet?«, hg. von *Harald Petri* und *Hubert Liening*, Universitätsverlag Dr. Norbert Brockmeyer, Bochum 1995, ISBN 3-8196-0380-8;

Band XVII: »Wer oder was ist der Mensch? Die Wissenschaften und das Menschenbild«, hg. von *Harald Petri*, Universitätsverlag Dr. Norbert Brockmeyer, Bochum 1994, ISBN 3-8196-0295-X;

Band XVI: »Leben im Wertewandel unserer Zeit«, hg. von *Harald Petri*, Universitätsverlag Dr. Norbert Brockmeyer, Bochum 1993, ISBN 3-8196-0172-4;

Band XV: »Wissen – Glauben – Aberglauben«, hg. von *Harald Petri*, Universitätsverlag Dr. Norbert Brockmeyer, Bochum 1992, ISBN 3-8196-0061-2;

Band XIV: »Wo bleibe ich? Der Verlust des Subjekts in den großen Gesellschaftssystemen unserer Zeit«, hg. von *Harald Petri*, Universitätsverlag Dr. Norbert Brockmeyer, Bochum 1991, ISBN 3-88339-965-5;

Band XIII: »Wahrnehmung und Wirklichkeit«, hg. von *Harald Petri*, Universitätsverlag Dr. Norbert Brockmeyer, Bochum 1990, ISBN 3-88339-829-2;

Band XII: »Die Würde des Menschen ist unantastbar«, hg. von *Harald Petri* und *Walter Simm*, Universitätsverlag Dr. Norbert Brockmeyer, Bochum 1988, ISBN 3-88339-683-4;

Band XI: »Die Selbstherausforderung des Menschen durch seine Technik«, hg. von *Harald Petri* und *Eberhard Amelug*, Universitätsverlag Dr. Norbert Brockmeyer, Bochum 1987, ISBN 3-88339-612-5;

Band X: »Sprache – Sprachverfall – Sprache im Wandel. Was wird aus unserer Sprache?«, hg. von *Harald Petri*, Universitätsverlag Dr. Norbert Brockmeyer, Bochum 1986, ISBN 3-88339-539-0;

Band IX: »Geht uns die Zeit verloren? Beiträge zum Zeitbewusstsein«, hg. von *Harald Petri*, Universitätsverlag Dr. Norbert Brockmeyer, Bochum 1985 (vergriffen);

Band VIII: »Die seelischen Nöte unserer Zeit«, hg. von *Harald Petri* und *Andreas Wünschmann*, Universitätsverlag Dr. Norbert Brockmeyer, Bochum 1984, ISBN 3-88339-389-4;

Band VII: »Soziale Verwurzelung im gesellschaftlichen Strukturwandel zwischen gestern und morgen«, hg. von *Harald Petri*, Universitätsverlag Dr. Norbert Brockmeyer, Bochum 1983, ISBN 3-88339-337-1;

Band VI: »Hat die Familie Zukunft?«, hg. von *Harald Petri* und *Irmgard Zepf*, Universitätsverlag Dr. Norbert Brockmeyer, Bochum 1982, ISBN 3-88339-263-4;

Band V: »Erziehung. Inhalte – Wege – Stile – Ziel«, hg. von *Harald Petri* und *Hubert Liening*, Universitätsverlag Dr. Norbert Brockmeyer, Bochum 1981, ISBN 3-88339-199-9;

Band IV: »Wissenschaft. Notwendigkeit und Gefahr, Bedrohung und Hoffnung«, hg. von *Harald Petri* und *Libor Schelhasse*, Universitätsverlag Dr. Norbert Brockmeyer, Bochum 1980, ISBN 3-88339-132-8;

Band III: »Randgruppen / Einsamkeit«, hg. von *Harald Petri* und *Erich Kühn*, Universitätsverlag Dr. Norbert Brockmeyer, Bochum 1979; ISBN 3-88339-086-0;

Band II: »Der ›festgestellte‹ Mensch und seine Zukunft«, hg. von *Harald Petri* und *Manfred Blank*, Universitätsverlag Dr. Norbert Brockmeyer, Bochum 1978, ISBN 3-88339-027-5;

Band I: »Kriminalität heute – Ursachen und Bekämpfung«, hg. von *Harald Petri* und *Hans-Dieter Schwind*, Universitätsverlag Dr. Norbert Brockmeyer, Bochum 1977, ISBN 3-921543-85-1.